Europa in der Finanzfalle

ISBN 978-3-8305-3148-7

Christian Schröder

Europa in der Finanzfalle

Irrwege internationaler Rechtsangleichung

BWV • BERLINER WISSENSCHAFTS-VERLAG

Bibliografische Information der Deutschen Nationalbibliothek

Die Deutsche Nationalbibliothek verzeichnet diese Publikation in der Deutschen Nationalbibliografie; detaillierte bibliografische Daten sind im Internet über http://dnb.d-nb.de abrufbar.

ISBN 978-3-8305-3148-7

Markgrafenstraße 12–14, 10969 Berlin
E-Mail: bwv-verlag.de, Internet: http://www.bwv-verlag.de

Vorwort

Das vorliegende Buch beschäftigt sich mit den krisenhaften Zuständen an den internationalen und speziell europäischen Finanzmärkten, die nun schon mehrere Jahre andauern. Erst verloren Anleger ihr Geld, später kollabierten Banken, wieder etwas später standen ganze Staaten vor dem Bankrott, bis schließlich die Gefahr aufzog, dass die Europäische Union infolge dieser Verwerfungen aus ihren Angeln gehoben werden könnte. Auch im Spätsommer des Jahres 2012, als ich die Arbeiten an dem Manuskript abschloss, war noch nicht absehbar, welche Konsequenzen diese Zerreißprobe für das zukünftige Europa haben wird.

Ich habe versucht, einen eigenen Blick auf die Ursachen zu werfen, und bin zu dem Ergebnis gekommen, dass die internationale Regulierung der Finanzmärkte, die gemeinhin als der richtige Weg zur Lösung der Probleme gilt, die Stabilität der Finanzmärkte gefährdet. Dabei geht es nicht um das „Ob“ von Regulierung, sondern um den Irrweg internationaler Rechtsangleichung, die zugleich die Grundstrukturen der Demokratie gefährdet.

Hier und da wird der Leser feststellen, dass der Text von einem Juristen stammt, der sich mit Fragen der strafrechtlichen Verantwortung und Aufarbeitung im Zusammenhang mit den schweren Verwerfungen an den Finanzmärkten beschäftigt hat. Allerdings soll das Buch gerade kein reines Fachbuch sein, das sich an einen bestimmten Wissenschaftszweig richtet. Der Text bewegt sich vielmehr an der Schnittstelle vom Sach- zum Fachbuch und stellt nicht den Anspruch, den Stand wissenschaftlicher Erkenntnis hinsichtlich der Finanzkrisen wiedergeben und mit einem gewaltigen Fußnotenapparat belegen zu wollen.

Dieses Vorgehen hat einen Grund: Zahlreiche Wissenschaftler aus unterschiedlichen Disziplinen haben sich in der Vergangenheit dem Thema der Finanzkrise zugewandt, es ist aber festzustellen, dass die Komplexität des Themas und die unterschiedlichen Methoden und Terminologien der Wissenschaften dazu führen, dass diese Erkenntnisse nur noch von einem sehr engen Kreis von Spezialisten wahrgenommen werden.

Deshalb habe ich mit diesem Buch einen anderen Weg gewählt. Der Text soll eigene Erkenntnis in einer möglichst einfachen Sprache so resümieren, dass der Gedankengang auch für diejenigen nachvollziehbar bleibt, die sich bisher nicht mit der juristischen Seite der Krisen beschäftigt haben. Aus diesem Grund habe ich davon abgesehen, den Text mit Fußnoten und Einzelnachweisen zu überfrachten. Er soll meine Sichtweise der Dinge möglichst einfach transportieren und eine Botschaft vermitteln.

Zugleich gibt das Buch eine eigene und kritische Meinung zum europäischen Einigungsprozess wieder. Mir ist der Hinweis wichtig, dass sich diese Kritik nicht auf das „Ob“ der europäischen Einigung bezieht, sondern auf das „Wie“. Die Stärkung eines Miteinanders aller Staaten in Europa ist ein hohes Gut. Die in dem Buch immer wieder zu lesende Kritik an der EU und ihren Institutionen gilt speziell der Regulierung der Finanzmärkte und soll deren Verdienste auf anderen Feldern nicht schmälern oder beiseite schieben.

Zu guter Letzt ist dieses Buch schon deshalb kein klassisches Fachbuch, weil es auch ein politisches Buch ist. Geschrieben aus der Befürchtung, dass die EU einen stillen Wandel durchläuft. Stand sie einst für europaweite Rechte des Einzelnen und für Begriffe wie den der Niederlassungsfreiheit, so steht sie heute viel zu oft für Regulierung, Überwachung und Reglementierung. Wird diese Schraube überdreht, scheitert die Idee eines freien Europa.

Christian Schröder, Berlin, im September 2012

Inhaltsverzeichnis

Erstes Kapitel

Krisen in Europa

1. Einleitung

Im Spätsommer des Jahres 2012 steuerte Europa auf ein unfreiwilliges Jubiläum zu: „5 Jahre Finanzkrise". Feiern wollte das natürlich niemand, weil es nichts zu feiern gab. Allerdings ist es eine Tatsache, dass es seit der zweiten Hälfte des Jahres 2007 an Europas Finanzmärkten zu mehr oder weniger schweren Verwerfungen kommt, die auch nicht enden wollen. Allein die Möglichkeit, den Begriff des Jubiläums in eine Verbindung mit den krisenhaften Zuständen an Europas Finanzmärkten zu bringen, führt vor Augen, dass es längst nicht mehr um einen singulären Börsencrash oder sonst temporäre Störungen der Finanzmärkte geht. Es handelt sich um einen Dauerzustand, um eine chronifizierte Krise.

Fünf Jahre sind eine lange Zeit, wenn sich krisenhafte Zustände immer wieder zuspitzen. Immerhin taumelten nicht nur einzelne Banken, sondern auch ganze Staaten. Die dadurch mehrfach aufgezogene Untergangsstimmung hat eine latent morbide Stimmung erzeugt. Es ist wie an einem schönen und noch warmen Tag Ende September. Man sitzt noch draußen, und die Sonne scheint, als würde der Sommer nie zu Ende gehen. Man weiß es aber besser.

Ähnlich ist es mit Europa und dem Euro. Vor uns liegt eine andere Zeit. Die schweren Verwerfungen an den Finanzmärkten haben die EU in ihrem Kern erschüttert. Sie zeigt erste Auflösungserscheinungen, denn die europäischen Institutionen wie die EU-Kommission und das EU-Parlament spielten bei der Frage, welche Rettungsmaßnahmen ergriffen werden, praktisch keine Rolle. Der Sache nach bewegt sich das Krisenmanagements der EU-Politik dann, wenn es wichtig wird, wieder in den Strukturen des allgemeinen Völkerrechts.[1]

Dieser Erosionsprozess zeigt sich auch auf politischer Ebene. Die britische Regierung begleitete im Dezember des Jahres 2011 die atemlosen Bemühungen der übrigen EU-Regierungen zur Rettung des taumelnden Euro mit einer lustlosen und latent destruktiven Haltung. Nun wäre Lustlosigkeit der Briten in Bezug auf den Euro nicht weiter bemerkenswert, da Großbritannien dem Euro von Anfang an nicht beigetreten war und auch keine Neigung zeigt, das zu überdenken. Dabei blieb es aber

[1] Was es damit im Einzelnen auf sich hat, kommt im Verlauf dieses Buches noch zur Sprache.

nicht, denn Großbritannien verweigerte sich im Dezember 2011 einer von den übrigen EU-Mitgliedstaaten für sinnvoll erachteten Ergänzung der Europäischen Verträge, mit der die eskalierende Eurokrise bekämpft werden sollte. Obwohl die geplante Änderung britische Interessen nicht unmittelbar berührt hätte, verlangte der britische Regierungschef Cameron für seine Unterschrift eine Gegenleistung.[2] Am liebsten wäre ihm eine Freistellung von allen Regulierungsvorhaben der EU gewesen, die den Finanzplatz London einschränken könnten: Eine auf der Not der anderen gegrillte Extrawurst. Darin kam alles andere als ein Streben nach europäischer Einigung und Identität zum Ausdruck. Die übrigen EU-Mitgliedstaaten waren verärgert und schlossen einen eigenen Vertrag. Auch an dieser Stelle bröckelte es, denn die Idee der europäischen Integration ist auf die Einheitlichkeit des EU-Rechts angewiesen. Ausnahmen davon gab und gibt es zwar immer, werden es aber zu viele und betreffen sie die Kernbereiche der EU, steuert man wieder auf das allgemeine Völkerrecht zu.

Seit dem Sommer des Jahres 2011 geht es bei dem Thema EU insgesamt lässiger zu. Man diskutiert darüber, ob die Griechen die Währungsunion und damit den Euro nicht doch wieder verlassen sollten, um zur Drachme als Landeswährung zurückzukehren. Vom Euro zur Drachme, klarer könnte die Erosion der EU kaum zutage treten.

Solchen Gedankenspielen wohnt ein Tabubruch inne, der an dem europäischen Einigungsprozess nagt, ihn von innen auszehrt und lähmt. Trotz der schweren Finanzkrise der Jahre 2008 und 2009 waren solche Gedanken bis zum Ausbruch der akuten Eurokrise verpönt. Noch im Jahr 2010, als sich die Krise der EU schon sehr deutlich aufbaute, galten insbesondere in Deutschland Zweifel am Euro und Gedanken an ein Ausscheiden Griechenlands aus der Währungsgemeinschaft als unanständig. Wer das auch nur andeutete, hatte die Regeln der Political Correctness verletzt. Die Zeiten haben sich geändert. Europa beschleicht das Gefühl, dass jenseits der Spannungen an den Finanzmärkten mit der EU und dem Euro ganz grundsätzlich etwas nicht stimmt.

Das ist ein wichtiger Prozess, den man zulassen und nicht stigmatisieren sollte, denn anders ist die EU nicht mehr zu retten. Jenseits der akuten Krisenmeldungen gilt es ganz nüchtern zu fragen, ob sich das Knacken im Gebälk des europäischen Hauses nur auf eine von außen an die EU herangetragene Finanzkrise zurückführen lässt oder ob es nicht die EU-Politik selbst war, die zu den Verwerfungen an Europas Finanzmärkten beigetragen hat.

Die tagesaktuell berichtete Eskalation oder Beruhigung der Krise spielt für die Analyse der strukturellen Probleme der EU und ihrer Finanzpolitik kaum eine Rolle. Für die eigentlich wichtige Frage, ob etwas mit der EU-Politik im Vorfeld oder im Ver-

2 *König,* Ruderboot neben Supertanker, Beitrag auf www.sueddeutsche.de vom 09.12.2011.

lauf der Krise ganz grundsätzlich nicht stimmt, ist es einerlei, ob Rettungsschirme oder Haftungsfonds mit 200 Milliarden, 500 Milliarden oder einer Billion Euro bestückt werden. Denn wenn man den Menschen bei der Schaffung des Euros nicht nur erzählt, sondern durch handfestes Recht in den Europäischen Verträgen ausdrücklich versichert hat, dass kein Staat für den anderen haftet, dann dürfte es solche Rettungsschirme oder Fonds eben gar nicht geben.

Fraglich ist vielmehr, ob die EU-Politik in ihrer heutigen Konstitution überhaupt in der Lage ist, Europas Finanzmärkte sinnvoll zu steuern. Der nachfolgende Gedankengang wird zeigen, dass die EU-Politik nicht nur mit Blick auf den Euro, sondern auch bei der Regulierung der Finanzmärkte versagt hat und das Versprechen internationaler und effektiver Regulierung ohnehin nur begrenzt eingelöst werden kann und sollte.

Das sind nun allerdings Aussagen, die sich gegen den Mainstream stellen. Schließlich lesen wir überall, dass die Finanzmärkte nur durch international koordinierte Regeln und Institutionen zu bändigen sind. Die hier vertretene Meinung ist eine andere. Die Versuche einer internationalen Regulierung sind längst gescheitert.

Um diese These zu belegen, muss man die Verwerfungen an den Finanzmärkten analysieren und ihre Verbindung zu einer verfehlten EU-Politik herstellen. Nur so ist es möglich, die strukturellen Defizite der EU im Bereich der Finanzmärkte hinreichend greifbar zu machen und aufzuzeigen, dass die EU-Politik zu der krisenhaften Zuspitzung beigetragen hat und nicht in der Lage ist, die Krise zu meistern. Diese Erkenntnis gibt zugleich eine Antwort auf eine Frage, warum gerade die EU nicht nur von jeder Finanzkrise mit Wucht getroffen wird, sondern neuerdings sogar Gefahren erzeugt, vor denen die Finanzwelt zittert.

2. Was ist eigentlich welche Krise?

Um sich zu den Verwerfungen an den Finanzmärkten zu äußern und den Bezug zu einer verfehlten EU-Politik herstellen zu können, muss man eingangs die einzelnen Krisen konkret benennen und umreißen. Denn über Finanzmärkte und „die Finanzkrise“ wurde in den letzten Jahren viel diskutiert und geschrieben. Spätestens seit dem Sommer des Jahres 2011 geht das nicht mehr ohne weiteres, denn wer von der Finanzkrise spricht, muss eigentlich klarstellen, welche Finanzkrise er meint. Es sind mittlerweile zu viele, denn die Finanzmärkte wurden im letzten Jahrzehnt durch drei schwere Finanzkrisen erschüttert. Also muss man die Dinge ordnen, um klarzustellen, worum es eigentlich geht:

Von 2001 bis 2003 kam es durch das **Platzen der Dotcom-Blase** an den Börsen zu einer schweren Krise. Man sprach vom Börsencrash. In Deutschland steht dafür der Neue Markt, einem nach der Krise in aller Stille beigesetzten Börsensegment. Dort wurden damals die jungen Unternehmen der sog. New Economy gehandelt, von denen viele die Krise nicht überstanden haben. Diese erste Krise soll im Folgenden als **Dotcom-Krise** bezeichnet werden.

Von 2007 bis in das Jahr 2009 wütete in weiten Teilen der Welt eine dramatische Finanzkrise, die ganze Volkswirtschaften an den Abgrund führte. Auslöser waren vor allem fragwürdige Verbriefungen von US-Hauskrediten, die sich als wertlos entpuppten. Es kam jedoch nicht mehr nur zu einem Börsencrash, bei dem Anleger ihr Geld verloren, sondern die Krise drang zudem in das Finanzsystem selbst vor und eskalierte mit dem damit im Zusammenhang stehenden Zusammenbruch der US-Investmentbank Lehman Brothers. Wenn diese Krise gemeint ist, soll im Folgenden von der **systemischen Finanzkrise** gesprochen werden.

Mit der auslaufenden systemischen Krise verzahnte sich im Jahr 2010 eine dritte Finanzkrise, deren Ursache in zu hohen Staatschulden liegt, weshalb sie auch als Schuldenkrise bezeichnet wird. Einzelne Staaten hatten sich bei zu schwacher Wirtschaftsleistung so stark verschuldet, dass die Märkte die Rückzahlung von Staatsanleihen in Frage stellten. Griechenland war nicht mehr in der Lage, den eigenen Verbindlichkeiten nachzukommen. Das wiederum strahlte auf die Europäische Union und den Euro aus, denn betroffene Staaten wie Griechenland oder Portugal waren auch Mitglied der Europäischen Währungsgemeinschaft, weshalb diese Krise auch als **Eurokrise** bezeichnet wird. Im Folgenden wird sie auch **Staatsschuldenkrise** genannt.

3. Gierige Banker und kriminelle Zocker?

Die Diskussion dieser Krisen verlief und verläuft mehr oder weniger gleich. Die Öffentlichkeit echauffiert sich über Manager, Banken und Spekulanten. Teilweise zu Recht, denn im Vorfeld und im Verlauf der ersten beiden Krisen (Dotcom-Krise und systemische Finanzkrise) kam es auch zu moralisch zweifelhaften und mitunter sogar auch eindeutig kriminellen Verhaltensweisen. In diesem Buch werden einzelne Fälle zur Sprache kommen. Sehr oft balancierte man auch nur auf der Grenze von Recht und Unrecht, wodurch ebenfalls gewaltige Schäden angerichtet wurden.

Allerdings ist Vorsicht geboten. Es wäre verfehlt, Banker und Manager pauschal als alleinige Verursacher aller Krisen und in dem Sinne zu stigmatisieren, dass man ihnen illegales oder moralisch angreifbares Verhalten vorwirft. Gewiss ist es dazu in Einzelfällen gekommen, aber dieser Aspekt sollte nicht als Erklärungsmuster für die schweren Verwerfungen an den Finanzmärkten dienen. Infolge der Krisen ist ein so ernster Zustand eingetreten, dass man an dieser Stelle nicht den Fehler machen darf, ein Feindbild zu erzeugen oder zu pflegen.

Die Ursachen aller drei Krisen liegen keineswegs nur in den Gebieten der Kriminalität oder Zockerei. Auch eine verfehlte EU-Politik hat zu diesen Krisen beigetragen. Mit dieser Aussage läuft man freilich selbst Gefahr, eine auf viele Menschen fremd wirkende Bürokratie als Feindbild oder Sündenbock hinzustellen, als eine anonyme Instanz in Brüssel, die uns offenbar die Finanzkrisen eingebrockt hat. Auch das ist gefährlich und überspielt die eigentlichen Zusammenhänge. EU-Recht kommt nur unter Mitwirkung der Mitgliedstaaten zustande.

Es sei auch klargestellt, dass die friedensstiftende Wirkung der EU einen großen Gewinn darstellt und es in diesem Buch nicht darum geht, die EU als solche in Frage zu stellen. Die EU kann auf wichtigen Feldern der Politik durchaus Erfolge vorweisen. Zu nennen ist der Umweltschutz, der Bereich der Verbraucherrechte und Diskriminierungsverbote, die vielen Menschen in Europa geholfen haben. Allerdings ist der Zusammenhang zwischen einer verfehlten EU-Politik und den schweren Verwerfungen auf den Finanzmärkten zu lange übersehen oder trotz entsprechender Erkenntnis nicht thematisiert worden.

4. Der wiederholte Ruf nach Regulierung

Dass etwas mit unserem Finanzsystem und seinen Regeln nicht mehr stimmen kann, folgt schon aus der Erwägung, dass nach jeder Krise Politiker und Medien, Regierungen und die EU-Kommission eine bessere und strengere Regulierung forderten oder versprachen. Das gilt auch für die gegenwärtige Eurokrise. Alle fordern oder versprechen neue und bessere Regeln. Eigentlich sind sich alle einig. Wer in einer Talkshow die Worte Regulierung und Hedgefonds fallen lässt und europaweit geltende Gesetze fordert, erntet lang anhaltenden Beifall. Bravo von allen Seiten! Und der nächste Gast kombiniert Regulierung mit Leerverkäufen, wieder Beifall.

Schön, dass alle wissen, woran es liegt, und sich einig sind. Das waren sie sich aber auch schon vor einem Jahrzehnt, als die Dotcom-Blase platzte und die Börsenkurse kollabierten. Gleiches gilt für die systemische Finanzkrise, obwohl man doch durchgreifen wollte. Entweder ist nichts geschehen, oder das, was geschehen ist, war falsch initiiert.

Entgegen mancher Darstellung ist der während und nach den schweren Finanzkrisen immer wieder zu hörende Ruf nach strengerer Regulierung keineswegs nur verhallt. Wäre das der Fall, bestünde an dieser Stelle sogar eine gewisse Hoffnung. Der Befund ist viel ernster, weil gerade die internationalen Regulierungsmechanismen versagt haben. Der mit jeder Krise einhergehende Ruf nach mehr Regulierung auf internationaler Ebene verdeckt, dass unser Recht der Finanzmärkte bereits seit mehr als zwei Jahrzehnten federführend durch die EU reguliert wird. Die Finanzmärkte waren Gegenstand umfassender europäischer und auch internationaler Regulierungsvorhaben. Die letzten Jahrzehnte standen zwar auch, aber keineswegs nur unter der Überschrift der Deregulierung. Das ist immer wieder zu lesen, aber schlicht falsch. Kaum ein Bereich war Gegenstand so umfassender EU-Politik wie der des Finanzmarkts und seiner Akteure und kein anderer Wirtschaftszweig hat so schwere Krisen durchlaufen wie der Finanzmarkt.

Die Bilanz der Europapolitik ist in diesem Punkt trostlos und mit Blick auf die Zukunft besorgniserregend. Kaum jemand fragt sich, ob die historisch alarmierend schnelle Abfolge schwerer Krisen nicht auch etwas mit dem Versuch internationaler Rechtsangleichung und dessen Untauglichkeit zu tun haben könnte. Stattdessen setzt man weiter auf diese Karte, installiert internationale Ausschüsse und schafft neue Aufsichtsbehörden, die von einer Krise in die nächste taumeln. Man ist gefangen in dem Glauben, die Finanzmärkte durch internationale Rechtsangleichung und Bürokratien regulieren zu können. Aus der nackten Panik entstandene Konstrukte wie der Europäische Stabilitätsmechanismus (ESM) stehen für diesen Kurs des „Vorwärts immer, rückwärts nimmer".

Das im Sommer des Jahres 2012 von dem Präsidenten der Europäischen Zentralbank (EZB), Herrn Draghi, mehr oder weniger konkret abgegebene Versprechen, Staatsanleihen der EU-Mitgliedstaaten zur Not auch unbegrenzt zu kaufen, konnte die Märkte zwar beruhigen, ist bei genauem Hinsehen aber nicht mehr als ein „Augen zu und durch". Ob es dazu kommt, steht noch nicht fest. Der Kauf von Staatsanleihen „ohne Ende" wäre aber nichts anderes als ein Fluten der Märkte mit EZB-Geld, das eine Bankrotterklärung der EU-Politik übertüncht und Inflation erzeugen könnte. Zugleich bekommt das EU-Recht durch solche Ankündigungen etwas Beliebiges, denn die in den Europäischen Verträgen vereinbarten Regeln über die EZB und die Defizitregeln bezüglich der Haushalte der Mitgliedstaaten atmen einen anderen Geist, werden aber einfach beiseite geschoben. Die EU verliert dadurch ihre innere Instanz. Diese Beliebigkeit der EU und ihre Geschmeidigkeit bis zum glatten Rechtsbruch können ihr langfristig nur schaden und jede Attraktivität rauben.

Gewiss ist es notwendig, die chronifizierte Finanzkrise europäisch lösen zu wollen, aber nicht mit den Mitteln der bisherigen EU-Politik und ihrer Institutionen. Das Versagen der EU bei ihren bisherigen Regulierungsschritten ist zu schwerwiegend.

Was ich mit dem Versagen der EU genau meine, wird bei einer Rückschau deutlich. Bei der Analyse von Problemen hilft es manchmal, die Sicht des Chronisten einzunehmen und einen Schritt zurückzutreten, um Vorgänge einer Gesamtschau zu unterwerfen und zeitlich zu ordnen. Unter dem Regime der EU-Finanzmarktregeln kam es von 2001 bis 2003 durch das Platzen der Dotcom-Blase, von 2007 bis in das Jahr 2009 durch die systemische Finanzkrise und seit dem Jahr 2010 zu einer bis in die Gegenwart reichenden Eurokrise. Das ist keine Theorie von Kritikern der EU oder des Euros, sondern eine auf schlichten Fakten beruhende Tatsache. Der nahe liegende Einwand, dass es sich auch um globale Krisen handelte, die das EU-Recht allein nicht verhindern kann, greift nicht durch. Natürlich kann die EU auf anderen Kontinenten aufflackernde Krisen nicht einfangen. Das verlangt aber auch niemand. Die von der EU initiierten Regeln für die Finanzmärkte mildern aber eben auch nicht die Einwirkung dieser Krisen auf Europa. Es ist eine Tatsache und eben kein Zufall, dass ein Staat wie Kanada, der seine Bankenregulierung nicht im Sinne einer Gleichmacherei und devoten Anpassung an internationale Vorgaben, sondern in gewisser Weise antiquiert und damit im guten Sinne selbstbewusst und eben anders gestaltet hat, die Krise der Jahre 2007 bis 2009 sehr gut meistern konnte. Es gibt auch noch weitere Volkswirtschaften, die nicht von den Finanzmarktviren infiziert wurden. Europa war jedoch dabei und erzeugt mit der Euro- und Staatsschuldenkrise neuerdings sogar selbst schwere Verwerfungen, die auf andere Regionen überspringen. Während Europa in den Jahren 2008 und 2009 im Lichte der US-Hypothekenkrise mit dem Finger noch auf die USA zeigen konnte, kann man sich nun getrost an die eigene Nase fassen. Das ist ein beunruhigender Befund, und derjenige, der ihn formuliert, ist deswegen kein Feind Europas. Das Gegenteil ist der Fall. Die europäische Idee wird durch die Politik eines „Augen zu und durch" gefährdet.

Um das Versagen der EU-Politik belegen zu können, muss man sich mit der Entstehung der Krisen beschäftigen, um aufzuzeigen, an welchen Stellen Europas Finanzsysteme infiziert wurden und nicht resistent, sondern anfällig waren.

Zweites Kapitel

Die US-Immobilienblase und wie toxische Finanzprodukte die Märkte verseuchten

Am Anfang unserer Betrachtung steht die systemische Finanzkrise der Jahre 2007 bis 2009. Man kann den Zusammenhang zwischen fehlgehender Regulierung und Finanzkrisen nur erkennen, wenn man die jeweilige Krise in ihren Grundzügen verstanden hat. Deshalb wird auf den nächsten Seiten zunächst die Entstehung der Krise geschildert, um sodann die hier behauptete Verzahnung mit und Förderung durch Regulierung zu belegen. Auf diesem Weg begeben wir uns auch in die Labore der Finanzindustrie und werden sehen, wie etwas entstehen kann, das im Jahr 2008 durchaus treffend als toxisches Wertpapier bezeichnet wurde.

1. Kollabierende Finanzmärkte

Unterwirft man die zahlreichen Finanzkrisen einer Gesamtschau, so muss die Krise der Jahre 2007 bis 2009 als besonders gefährlich gelten. Der wesentliche Unterschied zu anderen Finanzkrisen liegt darin, dass sich die scheinbar regional bedingte US-Hypothekenkrise immer weiter vorfressen und wie ein Virus in die Finanzsysteme einnisten konnte. Die toxische Wirkung fragwürdiger Verbriefungen war so stark, dass dieses Nervengift der Finanzindustrie mit dem Kollaps von US-Banken wie Bear Stearns und schließlich mit der Insolvenz der Investmentbank Lehman Brothers das Herz der Finanzmärkte lähmte. Die Krise war zu einer Systemkrise geworden, und das System konnte nur durch Notoperationen gerettet werden.

Das ist der große Unterschied zu anderen Krisen, wie etwa ein Vergleich mit dem Platzen der Dotcom-Blase zeigt. Auch der Kollaps der New Economy führte zwar zu gewaltigen Verlusten und entsprechendem Abschreibungsbedarf, was manche Banken auch viel Geld kostete. Allerdings funktionierte das Bankensystem als Ganzes weiterhin.

Von funktionierenden Finanzmärkten konnte spätestens im Herbst des Jahres 2008 nach der Lehman-Insolvenz keine Rede mehr sein, weil sich Banken als die eigentlichen Akteure und Träger des Finanzsystems untereinander nicht mehr über den Weg trauten. Das wiederum lag an konkreten Insolvenzgefahren einzelner Geldhäuser, denen man eben kein Geld mehr gibt, wenn ein Zahlungsausfall zu befürchten ist. Hinzu trat ein Misstrauen, weil der Markt unter der Komplexität und Intransparenz vieler Finanzprodukte litt. Begriffe wie Zins-Swaps oder Credit Default Swaps stehen für eine Komplexität, die den Marktteilnehmern selbst nicht mehr geheuer war. Als der US-Versicherer American International Group (AIG) taumelte, wurde sogar fraglich, ob Kreditausfallversicherungen etc. wirklich noch werthaltig waren. Denn wenn derjenige, der ein Risiko versichert, selbst in die Insolvenz rutscht, dann hilft die von ihm zugesicherte Versicherung auch nicht mehr weiter. Das säte Misstrauen und Verunsicherung, weil unklar war, ob man sich auf Kreditausfallversicherungen noch verlassen konnte.

Niemand konnte die Lage so richtig überblicken, also bunkerten diejenigen Banken, die noch über genug Mittel verfügten, ihr Geld. Es fehlte dem Markt das, was man als Liquidität bezeichnet. Fehlende Liquidität an den Finanzmärkten ist für eine Volkswirtschaft aber gefährlich, weil Banken, die auf ihrem Geld sitzen, es nicht mehr als Kredit zur Verfügung stellen. Genau das ist aber ihre originäre Aufgabe. Diese Gefahr wurde 2008 in Deutschland mit dem Begriff der Kreditklemme beschrieben.

2. Ursachen der Krise

Die Finanzkrise der Jahre 2007 bis 2009 hat mehrere Ursachen. Volkswirte nennen zu Recht insbesondere die Zinspolitik der Notenbanken nach dem Platzen der Dotcom-Blase. Die Leitzinsen sanken weltweit und Geld wurde billig. Das verführt zur Spekulation mit geliehenem Geld. Dieser Grund wurde aber bereits vielerorts so umfassend diskutiert oder dargestellt, dass wir uns sogleich auf zwei Ursachen des systemischen Ausmaßes dieser Krise konzentrieren können, die auch etwas mit fehlgehender Regulierung zu tun haben.

Der erste Grund besteht in der Komplexität der Märkte für sogenannte Verbriefungen und Derivate. Was unter Verbriefungen genau zu verstehen ist, wird sogleich geschildert. Der zweite Grund führt in das Epizentrum der Finanzkrise in Deutschland. Es geht um einen unverantwortlichen Umgang mit diesen Verbriefungen. Zugleich zeigt sich ein erster Schwachpunkt der EU-Regulierung. Aber der Reihe nach, zunächst also zu den Verbriefungen.

a) ABS-Anleihen aus den Laboren der Finanzindustrie[3]

Die drei Buchstaben ABS stehen in der Finanzwelt für Asset-Backed Securities. Um genau zu wissen, was sich dahinter verbirgt, muss man diesen Fachbegriff in seine Einzelteile zerlegen.

Securities sind Wertpapiere, allerdings handelte es sich bei ABS-Anleihen in der Regel nicht um jederzeit handelbare Wertpapiere wie Aktien, Staats- und Unternehmensanleihen. Mitunter wurden ABS-Pakete für einzelne Kunden speziell zugeschnitten und ganz überwiegend nur außerhalb der Börsen verkauft oder gehandelt.

Der Begriff „Asset" meint allgemein einen Vermögenswert. In der Praxis handelt es sich um Forderungen oder Rechte, die einen kontinuierlichen Zahlungsstrom erzeugen. In erster Linie sind das Kredite, bei denen ein Zahlungsstrom aus den Zins- und Tilgungsleistungen des Schuldners herrührt. Man kann aber auch sonstige Forderungen wählen, so etwa die laufenden Einnahmen aus Handelsgeschäften oder sogar Erbbauzinsen.

Die Vokabel „Backed" drückt aus, dass die Wertpapiere (Securities) mit den Assets unterlegt sind und sich aus deren Zahlungsfluss speisen. Um auszudrücken, um welche Assets es bei der jeweiligen ABS-Anleihe geht, wird die Bezeichnung konkreter. So spricht man von MBS-Anleihen bei Mortgage-Backed Securities. Unter Mortgages versteht man in deutscher Übersetzung gemeinhin Hypotheken.[4] Es geht dann also um Hauskredite.

Kurz zusammengefasst sind ABS-Anleihen also Wertpapiere, die mit Forderungen aus Krediten unterlegt sind.

Der eigentliche Verbriefungsvorgang ist sehr komplex, man kann ihn aber auf eine gut nachvollziehbare Grundstruktur zurückführen. Dazu seien Hauskredite als Beispiel gewählt. Die Kreditforderungen gelangen durch Abtretungen einer ursprünglich kreditgebenden Bank, auch Originator genannt, an eine Zweckgesellschaft. Aus der Sicht des Kreditnehmers, der das Haus gebaut hat, wechselt sein Gläubiger. Er zahlt Zins und Tilgung nunmehr an einen anderen, sonst ändert sich für ihn nichts.

Der Verkauf eines Kredits hat für die ursprünglich kreditgebende Bank zwei Vorteile. Der erste Vorteil liegt darin, dass der Kredit aufsichtsrechtlich nicht mehr mit

3 Die nachfolgenden Passagen gehen auf eine frühere Untersuchung zurück, siehe *Schröder*, Handbuch Kapitalmarktstrafrecht, Rn. 1084 ff. Hinweisen möchte ich auf das Werk von *Ricken*, Verbriefung von Krediten und Forderungen in Deutschland, 1 ff., weil dieser Autor das System der Kreditverbriefung und seiner Risiken schon unmittelbar nach Ausbruch der systemischen Finanzkrise sehr gut erläutert hat und mir beim Zugang zu den ökonomischen Zusammenhängen eine große Hilfe war.

4 Indes ist diese Übersetzung latent irreführend, weil deutsche Hypotheken schon aufgrund ihrer Beleihungsgrenzen mit US-Mortgages nicht ohne weiteres zu vergleichen sind.

Eigenkapital unterlegt werden muss. Das ist auch nicht zu beanstanden, weil das Risiko eines völligen oder teilweisen Zahlungsausfalls des Kreditnehmers nicht mehr beim ursprünglichen Kreditgeber liegt, wenn er mit dem Kredit und dessen Risiken nichts mehr zu tun. Müssten alle Banken frühere Kredite mit Eigenkapital unterlegen, wäre unser Finanzsystem gelähmt. Der zweite Vorteil liegt darin, dass die ursprünglich kreditgebende Bank für den Kredit einen Kaufpreis erhält. Sie macht den Kredit sofort zu Geld. Dieses Geld kann sie neuen Kreditnehmern zur Verfügung stellen.

An dieser Stelle stoßen wir auf einen ersten Webfehler des Systems. Wenn man bei einer Kreditvergabe bereits plant, den Kredit alsbald zu verkaufen und dann mit dem Kreditrisiko nichts mehr zu tun hat, liegt darin ein Anreiz zur leichtfertigen Kreditvergabe. Es kommt dann weniger auf die langfristige Bonität des kreditnehmenden Schuldners an. Er muss eigentlich nur bis zur Abtretung des Kredits durchhalten. Alle Folgeprobleme hat dann ein anderer, nämlich der Erwerber des Kredits.

Diese Erwerber waren sogenannte Zweckgesellschaften. Sie wurden eigens zum Zweck der Kreditverbriefung gegründet. Sie kauften also die Hauskredite an, womit der aus den Kreditverträgen folgende Zahlungsstrom aus Zins- und Tilgungsraten bei der Zweckgesellschaft einging. Man könnte nun meinen, dass damit auch das Problem notleidender Kredite bei dieser Zweckgesellschaft liegen müsste. Das ist auch ein richtiger Gedanke, doch es war anders.

Die Zweckgesellschaft war zwar formal an die Stelle der kreditgebenden Bank getreten, das Kreditrisiko wanderte jedoch nochmals weiter. Denn die Zweckgesellschaft gab zugleich die bereits erwähnten ABS-Anleihen aus, die mit den Kreditforderungen unterlegt waren. Der Käufer der ABS-Anleihe erwarb letztlich das Recht, die Zins- und Tilgungsraten der Kreditnehmer zu vereinnahmen. Damit lag das Risiko notleidender Kredite bei den Erwerbern der ABS-Anleihen. Wie groß dieses Risiko später wurde, ahnten die Erwerber der ABS-Anleihen anfangs allerdings nicht und waren bereit, für die ABS-Anleihen einen guten Kaufpreis zu entrichten. Dieses Geld des Käufers der ABS-Anleihe war zugleich die Finanzierungsquelle für den Kaufpreis, der seitens der Zweckgesellschaft an die ursprünglich kreditgebende Bank entrichtet wurde.

Bis hierhin erinnert das Ganze aber nur an ein Finanzkarussell, bei dem Forderungen von einem zum anderen wandern und sich alles im Kreis dreht. Man fragt sich, wo genau die Wertschöpfung liegt, oder anders betrachtet: Was machte dieses System so attraktiv, dass es später die halbe Finanzwelt verseuchen konnte?

Ein ganz wesentlicher Punkt für den Siegeszug der ABS-Anleihen bestand darin, dass sich diese ein Zinsgefälle zunutze machen, das jeder kennt. Wer zu seiner Hausbank geht und nach einem Hauskredit über 100.000 € mit fünfjähriger Laufzeit fragt, wird ein Angebot erhalten, bei dem die Kreditzinsen zum Beispiel bei vier Prozent liegen. Wenn man nun in derselben Bank den Schalter wechselt und 100.000 € bei gleicher Laufzeit mit festem Zins anlegen möchte, dann liegt dieser Anlagezins unter dem Kreditzinsniveau. Die Erfahrung hat jeder schon gemacht.

Wer auf seinem Girokonto den Dispositionskredit nutzt, zahlt hohe Kreditzinsen. Legt man bei derselben Bank Geld als Festgeld an, ist die Verzinsung weitaus geringer. Kreditzinsen sind immer höher als die aus einer Festzinsanlage. Das ist auch kein Wunder, denn Banken leben nun einmal von dieser Zinsdifferenz, die auch als Zinsmarge bezeichnet wird.

Exakt an dieser Stelle sitzt der erste Hebel, mit dem die ABS-Geldmaschinen angeworfen wurden. Die Zweckgesellschaften sammeln höher verzinsliche Kreditverträge ein und unterlegen damit ein Wertpapier. Dieses Wertpapier konkurriert am Kapitalmarkt auf dem Niveau der im Normalfall niedrigeren Kapitalmarktzinsen.

Dieses Modell ist an sich nichts Anstößiges, es ist sogar sinnvoll. Es führt nämlich z. B. dazu, dass sich Unternehmen aus dem Mittelstand durch Verbriefung ihrer Forderungen günstiger refinanzieren können als sie das durch Einzelkredite könnten. Man sollte sich also davor hüten, Zweckgesellschaften pauschal zu verurteilen oder verbieten zu wollen. Sie dienen ihrer Idee nach auch nicht dazu, Geschäfte „außerhalb der Bilanz zu führen“. Dazu kam es auch, und diese Exzesse kommen in diesem Buch auch noch zur Sprache.

Der ursprüngliche Grund, warum Zweckgesellschaften gegründet wurden, ist aber weder unseriös noch halbseiden, sondern vernünftig: Bleiben wir beim Sympathieträger aller Diskussionen in Talkshows, dem Mittelständler, der mittels ABS-Anleihen eine im Vergleich zu Krediten günstige Fremdfinanzierung sucht. Der Kapitalmarkt erwirbt seine Forderungen nur, wenn diese aus der Risikosphäre des Mittelständlers herausgenommen werden. Insbesondere das Risiko einer späteren Verschlechterung des Geschäftsverlaufs oder gar einer Insolvenz will der Kapitalmarkt nicht eingehen. Würde er es eingehen, wäre das Risiko höher. Der Preis eines Risikos drückt sich aber am Kapitalmarkt immer im Zins aus. Aufgrund der dann höheren Verzinsung der ABS-Anleihe wäre die Verbriefung sinnlos, und das mittelständische Unternehmen würde die günstige Finanzierungsquelle verlieren.

Ähnlich liegt es bei Hauskrediten. Der Erwerber der ABS-Anleihe möchte nicht das Risiko eingehen, dass das, was als Unterlegung und Sicherung der ABS-Anleihe dient, den Risiken des weiteren und zukünftigen Geschäfts der ursprünglich kreditgebenden Bank ausgesetzt ist. Deshalb und zu diesem Zweck müssen die Forderungen an eine im Übrigen gleichsam risikofreie Gesellschaft abgetreten werden, die Zweckgesellschaft eben.

Es zeigt sich also, dass Zweckgesellschaften und ABS-Anleihen keineswegs Teufelswerk sind. Sie stiften ganzen Volkswirtschaften einen nicht zu unterschätzenden Nutzen.

b) Über den Missbrauch der ABS-Anleihen und Zweckgesellschaften in den USA

Erst eine weitere Steigerung der Komplexität von ABS-Anleihen und der Missbrauch dieser Konstruktion haben zur Finanzkrise der Jahre 2007 bis 2009 beigetragen. Unter Federführung der US-Investmentbanken wurde eine gewaltige Geldmaschine angeworfen und eine ursprünglich sinnvolle Idee pervertiert.

Ein Einfallstor für unseriöses Geschäftsgebaren im Zusammenhang mit US-Hauskrediten haben wir bereits erkannt: Indem die ursprünglich kreditgebenden Banken teilweise wussten, dass sie den Kredit alsbald an eine Zweckgesellschaft veräußern würden, sank ihr Interesse an einer langfristig guten Bonität des Schuldners. Wenn die alsbaldige Abtretung eines Kredits feststeht, kann man geneigt sein, auch zweifelhafte Kredite zu vergeben und diese „heiße Kartoffel“ alsbald weiterzureichen. Den Schaden haben dann die Käufer der ABS-Anleihe, und so kam es dann auch. Allerdings muss man zugeben, dass die Immobilienpreise in den USA über viele Jahre gestiegen waren und das System lange funktionierte, weil die Kredite unabhängig von der persönlichen Bonität der Kreditnehmer durch die auf den Häusern lastenden Hypotheken gesichert waren.

Das Risiko wurde immer weiter gesteigert, indem Hauskredite zu sehr fragwürdigen Konditionen vergeben wurden. Die Kaufpreise wurden vollständig fremdfinanziert. Alles auf Pump. Teilweise wurden die Kredite für die ersten zwei Jahre tilgungsfrei gestellt. Die Schuldner zahlten also nur die Zinsen. Das war in etwa der Zeitraum, in dem die Kredite an eine Zweckgesellschaft abgetreten und dort verbrieft worden waren. Nach den zwei Jahren war dann aber nicht nur die Tilgungsrate zu zahlen. Vielmehr musste auch der Zins neu festgesetzt werden. Da die Kreditzinsen in den USA aber zwischenzeitlich gestiegen waren, brachen viele Finanzierungsmodelle in sich zusammen. Den Ausweg des Hausverkaufs gab es nicht mehr, weil Nachfrage und Preisniveau rückläufig waren. Wenn überhaupt, konnten Häuser nur unter Inkaufnahme empfindlicher Verluste verkauft werden. Da aber der Kaufpreis zu 100 Prozent finanziert worden war, blieb nichts als Schulden. Auch Zins- und Tilgungsleistungen blieben aus, und das schlug gnadenlos auf die ABS-Anleihen durch. Die prognostizierte Verzinsung entpuppte sich als Wunschtraum. Nunmehr fielen auch die Preise der ABS-Anleihen.

Mithin war das Kreditrisiko zu den Käufern der ABS-Anleihen gewandert, indem zahlreiche Kredite zu einem Wertpapier verschnürt und verkauft worden waren. Man sollte offen ansprechen, dass daran viele gut verdienten. Es begann mit dem Makler, der das Hausgrundstück vermittelte. Dann beanspruchte die ursprünglich kreditgebende Bank den Kaufpreis für die Abtretung des Kredits. Dazu kam eine ganze Heerschar von Beratern, vor allem Investmentbanken, die das Kreditportfolio strukturierten oder später am Vertrieb verdienten. Irgendjemand musste sich auch um die vergebenen Einzelkredite kümmern, um Fälle des Verzugs, Erbfalls usw. zu regeln. Das war dann der Servicer. Mitunter war das sogar die ursprünglich kreditgebende Bank, die dann an der Betreuung von Krediten verdiente, die sie selbst vergeben hatte. Hinzu kamen Kreditausfallversicherungen, beratende Rechtsanwälte oder Wirtschaftsprüfer.

Aus der Logik des Systems heraus handelte es sich bei alldem um notwendige Aufwendungen, unter dem Strich summierte sich aber etwas, was aus der Kapitalanlagebranche längst als fragwürdig bekannt ist. Kosten für Beratung, Projektierung, Provisionen, Vertrieb etc. bezeichnet man als „weiche Kosten". Sie sind gefährlich, weil sie eine Anlageform von innen her auszehren können.

Die Designer in den Finanzlaboren zogen alle Register. Es entstanden immer komplexere Gebilde, deren Einzelheiten jedoch blass bleiben, wenn man erst einmal die soeben geschilderte Grundstruktur von Verbriefungen verstanden hat. Erwähnt seien aber noch Collateralized Debt Obligations, die auch unter dem Kürzel CDOs bekannt sind. Diese bestehen je nach Rezeptur aus Krediten, bereits zuvor verbrieften Krediten, also ABS-Anleihen, oder Derivaten.

Man führte etwa bereits vorhandene ABS-Anleihen in dem Portfolio einer neuen Zweckgesellschaft zusammen. Diese Mixtur aus bereits verbrieften Krediten wurde ihrerseits als Wertpapier verkauft. Die Käufer konnten Tranchen erwerben. Der Erwerber der besten Tranche (Senior-Tranche) hat einen Anspruch auf vollständige Befriedigung seiner Ansprüche. Dann folgten zumeist zwei weitere Tranchen, die wiederum gestuft und erst dann zum Zuge kommen, wenn die Käufer der jeweils vorrangigen Tranche ihr Geld bekommen haben.

Das klingt alles kompliziert, ist dem Grunde nach aber nicht neu. Ganz ähnlich verhält es sich im deutschen Sachen- und Grundbuchrecht. Wer er ein Haus baut, erhält bisweilen von mehreren Geldgebern einen Kredit. Als Sicherung dient das Grundstück. Wenn im Falle der Zwangsvollstreckung das Geld zur Tilgung aller Kredite nicht ausreicht, greift ein Verteilungssystem. Wer an sein Geld kommt, entscheidet sich anhand der Rangfolge des Eintrags im Grundbuch. Wer auf Rang 1 steht, erhält vorrangig sein Geld. Soweit dann noch etwas vorhanden ist, bekommt es der Gläubiger auf Rang 2 usw. Man kann sich bei CDOs somit anstelle des Begriffs der Tranche den des Ranges denken.

Solche Modelle können eine trügerische Sicherheit suggerieren. Wenn man sich in die Zeit boomender ABS-Märkte versetzt, konnte man in der Tat die Überzeugung gewinnen, die erste Tranche dieser CDOs müsse immer sicher sein. Das ist aber eben ein Irrtum. Auch derjenige, der in Deutschland einen Kredit über den ersten Rang im Grundbuch absichert, hat eben im Ernstfall mit Zitronen gehandelt, wenn das Grundstück von Anfang an wertlos ist. Dann hilft Rang 1 auch nicht weiter, weil der Versteigerungserlös zu gering ist.

Der Glaube an ein sicheres System wurde durch Modellrechnungen gestärkt. Kern dieser Modellrechnungen waren Erfahrungswerte aus der Vergangenheit, aus denen man die wahrscheinliche Rendite der ABS-Anleihen und zugleich Argumente für den Erwerb dieser Wertpapiere herleitete. Gegenstand dieser Prognosen waren insbesondere gebündelte und verbriefte Subprime-Kredite, worunter man die Vergabe von Krediten an Schuldner mit schlechter Bonität versteht. Einige dieser Schuldner waren sogar der Gruppe der Ninjas zuzuordnen. Das Kürzel steht für No Income, No Job, No Assets, also für Menschen ohne festes Einkommen, ohne feste Arbeit oder sonstiges Vermögen.

Ein Argumentationsmuster lautete wie folgt: Wir haben 1.000 mittelmäßige bis schlechte Schuldner. Die Erfahrung lehrt, dass 6 bis 7 Prozent der Schuldner ganz ausfallen, weitere 8 Prozent fallen teilweise aus, 6 Prozent geraten in Verzug etc. Wenn man bei solchen Zahlen jemanden fragt, ob er denn einen dieser Kredite erwerben möchte, wird der potentielle Käufer mit dem Kopf schütteln. Jedenfalls wird er um den Preis verhandeln wollen. Er befürchtet nämlich völlig zu Recht, eine Niete zu ziehen, also einen der Kredite zu erwischen, die ganz oder teilweise notleidend werden.

Diese Zweifel galt es zu zerstreuen, und die Tüftler aus den ABS-Finanzlaboren argumentierten dagegen wie folgt: Indem wir 1.000 Kredite bündeln, verwässern wir das Ausfallrisiko. Das einzelne Ausfallrisiko geht im Zahlungsstrom der übrigen Kredite unter. Es gibt dann gar keine Nieten mehr und für das verbleibende Restrisiko erhält der Käufer der ABS-Anleihe sogar die Aussicht auf einen attraktiven Zinsertrag. Letzte Risiken werden durch den Einsatz von Derivaten, Kreditausfallversicherungen etc. eingefangen. Dieser Argumentation wohnt durchaus eine gewisse Überzeugungskraft inne. Der Markt für ABS-Anleihen funktionierte vor dem Ausbruch der Krise viele Jahre störungsfrei. Man konnte an ein sicheres System glauben, weshalb man sich vor den Leuten in Acht nehmen sollte, die schon immer wussten, dass das alles nicht gut gehen konnte. Deshalb sollte man sich auch davor hüten, die Analyse dieser Krise mit Verschwörungstheorien anzureichern und den Banken und sonstigen Akteuren an den Finanzmärkten eine Art abgesprochenen Generalangriff auf unser Finanzsystem vorzuwerfen. Bei genauem Hinsehen wird nachvollziehbar, dass man diesem System erliegen konnte, und jeder bekommt eine Ahnung davon, wie der Funke überspringen konnte.

Bis hierhin fehlt allerdings noch ein entscheidendes Element, das den Markt geradezu betörte und letzte Zweifel überwand: das Rating. Die ABS-Anleihen wurden durch Rating-Agenturen bewertet. Dabei analysiert die Agentur ein ABS-Portfolio und unterzieht es einer Gesamtschau, an deren Ende mittels einer Note eine Risikoeinschätzung abgegeben wird. Rating-Agenturen möchten ihre Bewertung gerne im Sinne einer Meinungsäußerung verstanden wissen, der Markt versteht sie jedoch wie eine Tatsache.

Die Ratings erfüllten im System der ABS-Verbriefung eine wichtige Funktion. Potentielle Interessenten mussten angebotenen ABS-Anleihen vertrauen. Das war ein ganz zentraler Punkt. Denn nur in diesem Fall ist es möglich, beim Verkauf der ABS-Anleihen so gute Erlöse zu erzielen, dass sich der ganze Vorgang lohnt. Schließlich müssen so lukrative Preise erzielt werden, dass man den ursprünglich kreditgebenden Banken für ihre Kredite ein lohnendes Entgelt entrichten konnte.

Auch die zahlreichen Berater waren zu bezahlen, und die Investmentbanken wollten möglichst hohe Beratungshonorare einstreichen.

Die Rolle der Rating-Agenturen kann man in diesem Zusammenhang kaum überschätzen. Wenn etwa eine deutsche Landesbank einen Kredit vergeben oder ankaufen wollte, musste sie nach den Regeln des Bankenaufsichtsrechts an sich den Kreditnehmer und das Kreditengagement selbst prüfen und einschätzen. Bei dem Kauf einer ABS-Anleihe, die US-Immobilienkredite verbriefte, war das rein tatsächlich kaum möglich, weil der deutsche Käufer der ABS-Anleihe viele Einzelkredite in den USA hätte prüfen (lassen) müssen. Diese Regeln der Kreditvergabe galten jedoch nicht mehr, wenn ein verbrieftes Kreditportfolio erworben wurde, denn die Einzelkredite waren in den Reagenzgläsern der Finanzlabore zum Wertpapier mutiert. Trotz dieses Wandels vom Kredit zum Wertpapier bleibt es aber dabei, dass dahinter nichts anderes als einzelne Kreditnehmer stehen. Sie leben eben nur in Minnesota oder Texas und nicht in Wuppertal oder Flensburg.

Die Rating-Agenturen sichteten die ABS-Anleihen auch im Übrigen, analysierten also etwa die Tranchen der CDOs. Der gesamte Vorgang gewann eine im Nachhinein befremdlich anmutende Eigendynamik, denn aus den Krediten von Schuldnern eher mittelmäßiger bis schlechter Bonität wurde viel zu oft ein Wertpapier mit einem AAA-Rating. Die Rolle der Rating-Agenturen muss man auch deshalb hinterfragen, weil sie neben den beratenden Investmentbanken, Rechtsanwälten und Wirtschaftsprüfern aus dem System heraus bezahlt wurden. Sie gaben ihr Rating im Auftrag desjenigen ab, der ein Interesse an dem Vertrieb der ABS-Papiere hatte und naturgemäß an einem möglichst guten Rating interessiert war.

Bei allem kam die Frage nach der Qualität der ursprünglich vergebenen Kredite zu kurz. Nach dem Platzen der Blase haben Vertreter der Rating-Agenturen dazu erklärt, dass man von den Daten der ursprünglich kreditgebenden Banken ausgegangen sei und darauf vertraut habe.[5] Man hatte sich also auf die Angaben derjenigen verlassen, die im Begriff waren, ein von ihnen eingegangenes Risiko weiterzureichen. Das war ein schwerer Fehler. AAA-Ratings, die an den Märkten wie ein Qualitätsurteil nach intensiver Prüfung anmuteten, entpuppten sich in einem wichtigen Punkt als billiger Abklatsch von Angaben derjenigen, die ein Kreditrisiko abstreifen und weiterreichen wollten. Dieser Vorgang hätte größere Sorgfalt erfordert. Insbesondere drängt sich die Frage auf, warum es dann Ratings überhaupt gibt. Die AAA-Ratings überspielten ein weiteres Risiko. Das US-Recht ließ Kreditverträge zu, bei denen der Schuldner seine Verpflichtungen abstreifen kann, indem er aus dem kreditfinanzierten Haus auszieht und der Bank die Schlüssel zuschickt. „Jingle-Mail" wird das in den USA genannt.[6] In Deutschland ist das anders, denn der Schuldner muss seinen Kredit auch dann bedienen, wenn er das Haus verlässt. Diese Möglich-

5 *Palan,* manager magazin 3/2008, 52 (54).

6 *Rheker,* Die Weltwoche 39/2008.

keit, die Bank mit der Immobilie alleine zu lassen, steigert das Risiko der finanzierenden Bank, denn die leer stehende Immobilie ist nun ihr Problem. Infolge der Verbriefung wurde die „Jingle-Mail“ aber auch ein Problem der Käufer der ABS-Anleihen. Je mehr Menschen ihren Verpflichtungen nicht mehr nachkommen, umso schwächer fällt der Zahlungsstrom aus.

Die komplexe Verbriefung der Hauskredite und die darauf bezogenen Ratings bildeten einen wunden Punkt des Systems, denn es öffnete sich ein Einfallstor für Kriminalität.[7] Es handelt sich dabei um eine Spielart von „White Collar Crime“, wie es der Kriminologe Sutherland einst nannte,[8] einer Kriminalität von Tätern mit weißem Kragen, die im feinen Zwirn daher kommen. Der Verbriefungsmarkt für US-Hypotheken entwickelte sich in einem solchen Tempo, dass man händeringend nach neuen Schuldnern suchte. Immer mehr Banken vergaben zweifelhafte Kredite mit dem bereits gefassten Vorsatz, die Forderungen alsbald an eine Zweckgesellschaft zu verkaufen. Mit böser Zunge könnte man auch von Entsorgung sprechen.

Damit wird ein Versagen der Rating-Agenturen deutlich, zumal es zeitgleich erste Anzeichen dafür gab, dass die Häuserpreise stagnieren oder fallen würden. Spätestens jetzt wären die auf der Vergangenheit beruhenden Annahmen zu revidieren gewesen, oder man hätte das Ratingverfahren umstellen und die Einzelkredite zumindest stichprobenartig näher untersuchen müssen. Es war unverantwortlich, in Modellrechnungen von stetig steigenden oder gleichbleibenden Preisen auszugehen. Denn nur der Preisboom der Vergangenheit hatte übertüncht, dass Kredite an klamme Schuldner vergeben worden waren.

Die ABS-Geldmaschine war aber unfähig, sich selbst zu stoppen. Mit der Verbriefung war eben zu viel Geld zu verdienen. Eine große Strategie des Bösen gab es dabei jedoch nicht.[9] Wir wissen heute aus Ermittlungen des FBI und der amerikanischen Börsenaufsicht SEC, dass in der Endphase des Booms immer mehr Investmentbanker zweifelten. Einige wetteten mittels Derivaten gegen ihre eigenen Produkte.[10] Dahinter steht aber keine Verschwörung des Marktes, sondern die sich seinerzeit zu Recht durchsetzende Erkenntnis, dass der Boom ausläuft. Es wäre allerdings fairer gewesen, die eigenen Zweifel nicht zu verbergen und den Kunden

7 Ausführlich zum Zusammenhang zwischen komplexen Finanzgeschäften und einer Kriminalität, die sich die Komplexität zunutze macht, bei *Schröder*, ZBB 2010, 280 ff.; *dems.*, Kriminalistik 2009, 12 ff.; *dems.*, Handbuch Kapitalmarktstrafrecht, Rn. 1139 ff.

8 *Sutherland,* White Collar Crime.

9 Kritischer jedoch *Schünemann*, in: Schünemann, Die sogenannte Finanzkrise – Systemversagen oder global organisierte Kriminalität?, 71 ff., der aufzeigt, dass es im Vorfeld der systemischen Finanzkrise zumindest auch Anzeichen für eine global organisierte Kriminalität und gefährliche Anreizsysteme (Boni) gab.

10 *Pitzke,* Wie der fabelhafte Fab die Wallstreet narrte, Beitrag auf www.spiegel.de vom 17.04.2010.

keine Produkte zu verkaufen, an die man selbst nicht mehr glaubte. Genau dieser Vorwurf wird gegenüber Investmentbanken erhoben, zu denen nicht nur US-Banken wie Goldman Sachs, sondern auch die Deutsche Bank gehörten.[11] Allerdings ist an dieser Stelle Vorsicht geboten, denn CDOs wurden ganz überwiegend an professionelle Anleger verkauft, also keineswegs an uninformierte und nichts ahnende Privatanleger. Daraus folgt die Frage, ob man diejenigen, die als professionelle Manager von Banken oder Hedgefonds hochkomplexe CDOs geradezu blind erwarben, wirklich als Opfer bezeichnen kann. Gewiss sind Investmentbanken Fehler unterlaufen, und es mag auch zu Exzessen einzelner Mitarbeiter gekommen sein, aber die Komplexität dieser Fälle verbietet einseitige Schuldzuweisungen.

Es bleiben aber auch ganz einfache Fragen, die bis heute näherer Klärung harren: Warum konnten einige AAA-Ratings gleich mehrere (!) Ratingstufen herabstürzen? Das müssen die Rating-Agenturen beantworten. Leider weichen sie aus. Wenn Ratings für sich in Anspruch nehmen, Risikoszenarien abzubilden, dann besteht großer Erklärungsbedarf. Es darf nicht offen bleiben, ob das auf Ratings bezogene Vertrauen nur erschüttert oder gar zu Täuschungszwecken missbraucht wurde.

c) Der Zusammenbruch des ABS-Marktes

Der ABS-Markt taumelte bereits Anfang des Jahres 2007, also über ein Jahr vor Ausbruch der systemischen Krise. Anzeichen dafür gab es bereits im Jahr 2006. Die Immobilienblase platzte und die Häuserpreise fielen. Der den ABS-Anleihen prognostizierte Zahlungsstrom wurde in einigen Fällen zum Zahlungsrinnsal. Insbesondere CDOs mit ihren unterschiedlichen Tranchen verschärften den einsetzenden Vertrauensverlust, als absehbar wurde, dass selbst AAA-Tranchen in Mitleidenschaft gezogen werden würden. Nunmehr kippte die Stimmung. Der Markt misstraute ABS-Anleihen, der Begriff der toxischen Wertpapiere machte die Runde. Es gab schlicht keine Käufer mehr. Das traf auch diejenigen, die den ABS-Papieren einst vertraut hatten. Sie machten die bittere Erfahrung nicht liquider Märkte, weil sie ihrerseits keine Käufer mehr fanden.

Bis hierhin entstand indes nur das, was man allgemein als Abschreibungsbedarf bezeichnet. Wer ABS-Papiere mit hinreichend Eigenkapital erworben oder sonst etwas zuzusetzen hatte, konnte zähneknirschend abwarten. Wer aber diese Papiere auf Kredit erworben hatte, der saß in einer Falle. Das, was er auf Pump gekauft hatte, war einem nicht zu stoppenden Erosionsprozess ausgesetzt, aber er konnte es eben auch nicht mehr verkaufen. Es gab keine Käufer mehr. Auf der anderen Seite stand der Kredit, mit dem man die toxischen Wertpapiere erworben hatte und der zu

[11] Siehe die Titelgeschichte „Die Zocker AG, die dubiosen Geschäfte der Deutschen Bank" des Nachrichtenmagazins „Der Spiegel", *Hesse/Pauly/Schulz/Seith,* Der Spiegel 5/2012, 60 ff.

bedienen war. Nicht nur US-Investoren, sondern insbesondere deutsche Landesbanken und die Industriekreditbank (IKB) tappten in diese Falle.

Schon im Sommer des Jahres 2007 schnappten einige deutsche Banken nach Luft. Es war schon zu spät, sie atmeten nur noch Vergänglichkeit. Sie hatten ABS-Anleihen zum Gegenstand einer zweiten Geldmaschine gemacht, die sogleich dargestellt wird. Ohne diese zweite Geldmaschine und Gefahrenquelle hätte die US-Immobilienkrise die deutschen Finanzmärkte bei weitem nicht mit dieser ungeheuren Wucht getroffen.

3. Die Geldmaschinen deutscher Banken als Mitverursacher der systemischen Krise

Bei der folgenden Analyse des deutschen Beitrags zur systemischen Finanzkrise der Jahre 2007 bis 2009 werfen wir einen Blick in die Finanzlabore deutscher Banken.[12] Dort wurde etwas zusammengebraut, das am Anfang nicht zu beanstanden war, dann aber Dimensionen annahm, die den Bereich des vertretbaren Handelns verließen oder sprengten. Das Bild des Sprengens passt vielleicht besser, weil am Ende alles in die Luft flog. Aber auch hier gilt es, sich das Geschäftsmodell gedanklich Schritt für Schritt zu erschließen, anstatt über geldgierige Banker zu lamentieren. Nur so versteht man, wie eine vermeintlich clevere Geschäftsidee mit strukturierten Wertpapieren zum strukturierten Wahnsinn wurde.

a) Die Grundidee deutscher Banken

Die eigentliche Grundidee bestand darin, die zuvor beschriebenen ABS-Anleihen ihrerseits zum Gegenstand einer weiteren Verbriefung zu machen. Man tüftelte an einer zweiten, sich selbst nährenden Geldmaschine. Das Herzstück dessen, was getrost als Perpetuum mobile der Finanzwelt bezeichnet werden kann, besteht aus einem sogenannten ABCP-Programm. Die vier Buchstaben ABCP kürzen vier englische Vokabeln ab. Das ist übrigens typisch für die Investmentbranche. Man wirft nicht nur den ganzen Tag mit Anglizismen um sich, sondern kürzt das Ganze auch noch gerne ab. So kommen wir nicht umhin, auch dieses Kürzel aufzulösen. Das geht aber schnell, denn einen Teil der Begriffe kennen wir schon.

Das A steht wiederum für Assets, also für Vermögenswerte, die einen Zahlungsstrom erzeugen. Das B steht einmal mehr für Backed und besagt, dass die Vermö-

12 Ausführlich *Schröder*, Handbuch Kapitalmarktstrafrecht, Rn. 1117 ff.; zum Vorgehen deutscher Banken ebenfalls *Kasiske,* in: Schünemann, Die sogenannte Finanzkrise – Systemversagen oder global organisierte Kriminalität?, 13 ff.

genswerte etwas unterlegen bzw. sichern. Die Buchstaben CP stehen für Commercial Papers. Das sind Wertpapiere mit kurzer Laufzeit, in der Praxis zwischen 30 und 360 Tagen, die Banken untereinander handeln.

Aus der Sicht des gewöhnlichen Bankkunden kann man Commercial Papers am besten mit kurzfristigen Festgeldern vergleichen. Durch den Kauf von Commercial Papers leiht also ein Handelsteilnehmer an den Finanzmärkten einem anderen Geld. Der Käufer dieses kurzlaufenden Wertpapiers erhält dafür wie der Bankkunde beim Festgeld eine Verzinsung des Geldes. Ihrer Idee nach haben Commercial Papers die Funktion, dass sich Banken und andere Marktteilnehmer untereinander rasch Geld zur Verfügung stellen können. So kann an den Finanzmärkten Geld kurzfristig geparkt oder nachgefragt werden. Letztlich handelt es sich schlicht und einfach um kurzfristige Kredite.

Beim ABCP-Programm spielen diese kurzfristigen Kredite eine Schlüsselrolle. Wer Commercial Papers verkauft, dem wird für die Laufzeit Geld zur Verfügung gestellt, mit dem er arbeiten kann. Auch im Rahmen der ABCP-Programme ließen die Initiatoren das Geld arbeiten, allerdings auf eine plumpe und einfallslose Art, denn man kaufte mit den kurzfristig hereingeholten Geldern schlicht und einfach langlaufende ABS-Anleihen, die einen höheren Zins versprachen als der Zins, der für die Commercial Papers aufzuwenden war.

Wer sich bereits mit Bankgeschäften beschäftigt hat, kennt dieses Modell. Man bezeichnet es in den Wirtschaftswissenschaften als Fristentransformation.[13] Man leiht sich Geld mit kurzer Laufzeit, um es sogleich langfristig anzulegen. Nun wird selbst der Laie nach kurzem Nachdenken folgenden Einwand erheben: Wer Geld nur kurzfristig zur Verfügung hat, kann es schwerlich langfristig anlegen. So ist es auch. Das System bedingt, dass man entweder die langfristige Anlage beim Auslaufen des kurzfristigen Kredits wieder verkauft oder anderes Geld zur Verfügung hat. Der Einwand ist also zutreffend, und deshalb funktionierten die ABCP-Programme wie folgt:

Man gab Commercial Papers mit einer Laufzeit von 30 bis 90 Tagen aus und holte sich so Geld herein. Damit kaufte man eine langlaufende ABS-Anleihe, z. B. mit einer zehnjährigen Laufzeit. Um die ABS-Anleihe langfristig halten zu können, wurden nach dem Auslaufen der Commercial Papers einfach neue Papiere ausgegeben. Das wiederholte sich immer wieder. Deshalb nennt man diese Grundidee auch revolvierende Refinanzierung.

Indes ist noch zu klären, warum so verfahren wurde. Es geht wieder einmal um das Ausnutzen von Zinsdifferenzen. Dieses Mal dreht sich alles darum, Kredite mit kurzer Laufzeit aufzunehmen, um dieses Geld in langlaufende und deshalb höherverzinsliche Wertpapiere zu investieren. Diesen Zinsunterschied bei kurzen und

[13] Zum Ganzen *Fischer*, in: Schimansky/Bunte/Lwowski, Bankrechts-Handbuch, § 129 Rn., 77 ff.

langen Laufzeiten kennt jeder Anleger. Das Gemeinte wird am besten deutlich, wenn man die Wertpapiere ein und desselben Schuldners als Beispiel wählt. Das ist wichtig, weil auch die Bonität eines Schuldners für die Zinshöhe wichtig ist. Wählt man denselben Schuldner, kann man die durch gute oder mäßige Bonitäten bedingten Zinsunterschiede vernachlässigen. Wir wählen einen Schuldner, dem wir unser Geld anvertrauen wollen, und stellen fest, dass bei längerer Laufzeit der Zins steigt. Deshalb werfen z. B. einjährige Finanzierungsschätze des Bundes weniger Zinsen als langlaufende Bundesanleihen ab. Das wiederum liegt daran, dass der Erwerber der langlaufenden Papiere das sogenannte Zinsänderungsrisiko trägt. Steigen nämlich die allgemeinen Marktzinsen, ist die langlaufende Anleihe im Vergleich mit übrigen Zinsprodukten weniger attraktiv und daher weniger wert. Das wird über den Kurs der Anleihe abgebildet.

Wichtig für das Verständnis der ABCP-Programme ist an dieser Stelle nur, dass kurzfristige Wertpapiere grundsätzlich niedrigere Zinsen abwerfen als langfristige Wertpapiere. Aus der Sicht desjenigen, der die Wertpapiere ausgibt, stellt sich das umgekehrt dar. Für Geld, das nur kurzfristig eingeworben wird, muss er weniger aufwenden als für die langfristige Kreditaufnahme.

Daraus ergibt sich zwanglos das Geschäftsmodell, das hinter den ABCP-Programmen steht. Wir können es nun mit Zahlen unterlegen: Wir geben kurzlaufende Wertpapiere (Commercial Papers) aus, z. B. über 60 Tage mit einem effektiven Jahreszins zu 3 Prozent. Dieses Geld pumpen wir sofort in langlaufende ABS-Anleihen mit einem effektiven Jahreszins von 6 Prozent. Es entsteht eine Zins- oder Gewinndifferenz von 3 Prozent. Nach den 60 Tagen geben wir neue Commercial Papers aus, wieder über 60 Tage zu 3 Prozent. Die ABS-Anleihen können wir also weiterhin halten. Das Ganze geht ewig weiter. Die Zinsdifferenz ist immer unser Gewinn, wobei anzumerken ist, dass die in der Praxis erzielten Gewinnmargen geringer als in dem soeben genannten Beispiel waren.

Dieses Geschäftsmodell hinterlässt einen zwiespältigen Eindruck. Einerseits klingt es plausibel, andererseits traut man dem Braten nicht so recht. Dieses Misstrauen ist auch angezeigt, denn die soeben beschriebene Fristentransformation steht unter verschiedenen Voraussetzungen.

Die erste Prämisse besteht darin, dass es den Zinsunterschied zwischen kurzer und langer Laufzeit überhaupt gibt. Im Normalfall ist das so, es gab in der Geschichte der Finanzmärkte aber immer wieder Ausnahmen. Dann steigt der kurzfristige Zins. Im Extremfall steigt er sogar über das langfristige Zinsniveau. Fachleute bezeichnen das als inverse Zinskurve. Damit entsteht eine prekäre Lage, denn in unserem Beispiel müssen wir uns nach 60 Tagen wieder frisches Geld beschaffen. Wenn aber die Zinsen stark gestiegen sind, kann es passieren, dass die Kosten der Geldbeschaffung den Ertrag übersteigen, denn der Zins der langlaufenden Anleihe bleibt unverändert. Dann dreht sich das ganze Geschäftsmodell, es wird zum Zuschussgeschäft, weil man für die Finanzierung mehr aufwenden muss als die Investition abwirft. Die Frage ist dann nur noch, wie lange man das durchhält.

Die nun folgende zweite Prämisse lässt schon erahnen, warum ABCP-Programme für deutsche Banken zur Falle wurden. Als durchsickerte, dass die US-Immobilienblase platzt und viele ABS-Anleihen als unseriös gelten mussten, keimte Misstrauen auf. Es wurde nicht nur absehbar, dass viele ABS-Anleihen eben nicht die prognostizierte Rendite abwerfen würden, sondern auch, dass Käufer dieser Papiere nicht einmal ihr eingesetztes Kapital zurückbekommen würden. Damit wurde fraglich, ob derjenige, der kurzlaufende Kredite aufnimmt, um das Geld in langlaufende ABS-Anleihen zu pumpen, sich nicht verspekuliert hatte. Sollte man demjenigen dann noch Geld anvertrauen, also seine Commercial Papers kaufen?

Der Markt für Commercial Papers nahm jedes ABCP-Programm ins Visier und zoomte die Risiken heran. Die Bankenszene scannte alle Risiken mit großer Akribie. Das waren spannende Tage im Sommer des Jahres 2007, denn unter deutschen Banken wurde die Spreu vom Weizen getrennt. Kreditlinien wurden gekündigt. Der Finanzmarkt tastete die ABCP-Programme ab und verweigerte sich den zu riskanten Geschäftsmodellen. Verweigern heißt in diesem Fall, dass es den Betreibern der ABCP-Programme nicht mehr gelang, günstig an frisches Geld zu kommen. Eine gigantische Refinanzierungsfalle schnappte zu. Schlimmer konnte es nicht kommen, denn es gab für die Zweckgesellschaften keine Alternative.

Die Tüftler in den Finanzlaboren hatten in den Risikoszenarien solcher ABCP-Programme für diesen Fall noch die Möglichkeit vorgesehen, die langlaufenden ABS-Anleihen zu verkaufen. Diese Option zum Ausstieg durch Verkauf der ABS-Anleihen war aber zur grauen Theorie geworden, denn dieser ohnehin nicht jederzeit liquide Markt war ausgetrocknet, es gab keine Käufer für ABS-Anleihen.

Mit toxischen Wertpapieren wie CDOs wollte niemand mehr etwas zu tun haben. Und der Markt für Commercial Papers wollte mit niemandem Geschäfte machen, der damit zu tun hatte, weil er sein Geld in marode ABS-Anleihen gepumpt hatte. Man musste nämlich befürchten, von solchen Adressen sein Geld nicht wiederzubekommen. Also stellte man es erst gar nicht zur Verfügung.

Es mag makaber klingen, aber wenn man sich schon etwas länger mit Kapitalmärkten und Finanzierungsmodellen beschäftigt, haben diese Fälle durchaus eine gewisse Ästhetik. Die Risiken atemlos aufgenommener kurzfristiger Kredite, mit denen man immer wieder Kohlen nachlegt und eine langfristige Investition befeuert, sind so hinreichend bekannt und sattsam oft beschrieben, dass die Realisierung dieser Risiken in einem solchen Ausmaß, mit einer solchen Wucht und dieser makellosen Stringenz schon wieder einen funkelnden Kern hat.

Schlimm sind freilich die volkswirtschaftlichen Folgen und die bei vielen Menschen hervorgerufenen Sorgen oder Nöte. Das haben aber nicht diejenigen zu verantworten, die solche Fälle analysieren, sondern diejenigen, die solche Geldmaschinen bis zum Exzess betreiben.

Schließlich bleibt zu fragen, ob solche Geschäfte überhaupt zulässig waren und warum sie nicht unterbunden wurden. Wie war das alles möglich, wenn das Risiko einer derart exzessiven Fristentransformation als solches bekannt war?

b) Die Umgehung von Grundregeln des Bankenaufsichtsrechts

Man kann die Frage nach der Zulässigkeit solcher Geschäfte nicht mit Ja oder Nein beantworten. Vielmehr ist sorgfältig zwischen dem Ob und dem Wie zu unterscheiden. Damit ist folgende Differenzierung gemeint: Mit der Frage nach dem Ob steht in Rede, ob diese Geschäftsmodelle in ihrer Grundstruktur überhaupt zulässig waren. Die Antwort lautet: Ja, sie waren zulässig und in ihrer Grundstruktur auch unbedenklich. Diese Aussage mag nun überraschen, bezieht sich jedoch nicht auf die Fälle, in denen deutsche Banken kollabierten und aufgefangen werden mussten. Dort haben wir es mit Fällen zu tun, in denen es zu Exzessen kam, der Bereich des bei isolierter Betrachtung zulässigen Handelns überschritten wurde. Das betrifft jedoch den Bereich des Wie. Mithin geht es um die Frage, wie die grundsätzlich zulässigen Geschäfte im konkreten Einzelfall betrieben wurden.

Es wird sich sogleich zeigen, dass trotz eines allgemeinen Dürfens der Bereich des Zulässigen in einigen Fällen eindeutig verlassen wurde. Das wiederum hat etwas mit dem Grundsatz der Eigenkapitalunterlegung von Bankgeschäften zu tun, mit dem wir unser Finanzsystem schützen. Dieser Grundsatz wurde von einigen Banken nicht nur umgangen, sondern so düpiert, dass diese Geldhäuser das Bankenaufsichtsrecht mit seinen Vorsichtsmaßnahmen für sich gleichsam aus den Angeln gehoben haben. Wie das funktionierte, ist nachfolgend zu lesen.

Bei den Zweckgesellschaften handelte es um formal eigenständige Unternehmen und nicht um Töchter der Banken. Sie waren daher jedenfalls grundsätzlich nicht in den Bilanzen der Banken zu führen, weil es sich bei rein formaler Betrachtung nur um eine Art Geschäftspartner oder Kunden handelte. In Wahrheit wurden diese Zweckgesellschaften, die in der Fachsprache auch als Conduit bezeichnet werden, von den dahinter stehenden Banken gesteuert. Diese Zweckgesellschaften verfügten jeweils nur über ein geringes Eigenkapital (teilweise um die 1000 €) und fungierten auf der Grundlage einer fragwürdigen Strategie als die ABCP-Geldmaschinen, die im Frühsommer des Jahres 2007 heißliefen und Feuer fingen.

Die Betreiber dieser Conduits standen allerdings vor einem grundsätzlichen Problem. Das ganze Geschäftsmodell funktioniert und rechnet sich nur dann, wenn es gelingt, das mittels der Commercial Papers hereingeholte Geld nur möglichst gering verzinsen zu müssen. Die Zinsaufwendungen mussten unter dem liegen, was als Ertrag aus den ABS-Anleihen zu erwarten war. Bei rein isolierter Betrachtung der Zweckgesellschaft als Schuldner der Commercial Papers wäre das unmöglich gewesen. Bei weniger als 1.000 € Haftungs- und Eigenkapital stellt eine solche Zweckgesellschaft am Finanzmarkt noch nicht einmal eine drittklassige Adresse dar.

Niemand, aber auch wirklich niemand, wäre bereit gewesen, einer Zweckgesellschaft, die sich ohne weiteres Eigenkapital nur über Commercial Papers finanziert, Geld zu günstigen Zinsen zur Verfügung zu stellen. Denn potentielle Erwerber der Commercial Papers konnten die Solidität des Geschäftsmodells und die Qualität der seitens der Zweckgesellschaften angekauften ABS-Anleihen nicht würdigen. Außerdem wurden diese Zweckgesellschaften an exotischen Orten betrieben. Mithin war das Ganze bis hierhin nicht vertrauenswürdig. Die ABCP-Geldmaschine wäre nicht einmal abgewürgt worden, weil ihr Motor gar nicht erst angesprungen wäre.

Bereits die Preismechanismen der Finanzmärkte hätten das Modell von Anfang an gestoppt. Der Preis eines Kredits besteht immer im Zins und hängt ganz wesentlich vom Risiko ab. Dann wären die Zinsaufwendungen für die Commercial Papers so in die Höhe geschossen, dass sie über dem Zinsniveau der ABS-Anleihen gelegen hätten. Das ganze ABCP-Programm wäre damit sinnlos geworden, weil die angestrebte Zinsmarge nicht zu erzielen gewesen wäre. Es musste also gelingen, den Refinanzierungszins der Zweckgesellschaft zu drücken. In den Laboren der Finanzindustrie galt es, eine Formel zu finden, kraft derer eine hoffnungslos unterkapitalisierte Zweckgesellschaft zum Topschuldner werden würde – zu einem so guten Schuldner, dass der Finanzmarkt ihm alle 60 Tage frisches Geld zur Verfügung stellen würde.

Was nun folgte, war ein raffinierter Kunstgriff, mit dem das Bankenaufsichtsrecht auf Lücken abgesucht und ausgehebelt wurde. Deutsche Banken wie die IKB oder die Sachsen-LB traten als sogenannte Sponsoren auf und gewährten den völlig unterkapitalisierten Zweckgesellschaften Liquiditätslinien. Man spricht auch von Liquiditätsfazilitäten. Damit nähern wir uns dem Epizentrum der in Deutschland im Sommer des Jahres 2007 ausbrechenden Krise.

Was hat es mit diesen Liquiditätsfazilitäten auf sich? Als Sponsor des ABCP-Programms begleitet eine Bank nicht nur die Ausgabe der Commercial Papers, sondern gewährt den Käufern dieser Papiere eine Art Rückzahlungsgarantie. Man kann das grob mit einer Bürgschaft vergleichen. Auf diese Weise muss sich der Markt für Commercial Papers letztlich nicht um die Bonität der Zweckgesellschaft kümmern. Denn wenn es zu Problemen kommt, schwebt über allem die rettende Hand des Sponsors. Indes überspielt der Begriff des Sponsors, dass es im Ernstfall um harte Haftungssachverhalte geht. Als Sponsoren bezeichnen wir sonst Personen, die eine gute Sache freiwillig unterstützen – mit Mitteln, die sie übrig haben und mit denen sie sich wohltätig betätigen möchten. Bei ABCP-Programmen ging es jedoch unter dem Strich um knallharte Garantien.

Warum wählten die Tüftler in den Finanzlaboren diesen Weg? Indem sich eine Bank als gute Adresse der Finanzwelt letztlich für die Verbindlichkeiten der Zweckgesellschaft stark machte, konnte es den potentiellen Käufern der Commercial Papers egal sein, dass es sich um eine völlig unterkapitalisierte Zweckgesellschaft handelte. Durch den Kunstgriff der Garantie erhält die Zweckgesellschaft letztlich die Bonität der Bank. Das veranlasste wiederum die Rating-Agenturen, die auch ABCP-Programme bewerteten, wieder einmal die Bestnote AAA zu vergeben.

Damit war man am Ziel. Denn nun konnte die Zweckgesellschaft Geld zu niedrigen Zinsen aufnehmen, um es sofort in höherverzinsliche ABS-Anleihen zu pumpen. Der Kreislauf war geschlossen, und das Perpetuum mobile nahm Fahrt auf. Um richtig viel Geld schöpfen zu können, musste man nur noch das Volumen aufblähen. Dieser Umstand erklärt auch, warum wir in den Zeitungen immer wieder lasen und lesen, dass die Zweckgesellschaften mit Milliarden jonglierten. Anfangs funktionierte das auch, und gerade weil es funktionierte, wurden die Summen immer größer. Vor allem die IKB und deutsche Landesbanken machten zunächst ein gutes Geschäft, denn die in den Zweckgesellschaften erzielten Gewinne wurden als Beratungshonorare an die hinter den ABCP-Programmen stehenden Banken abgeführt.

Mit einem Schuss Sarkasmus kann man diese Liquiditätsfazilitäten als Garantien bezeichnen, mit den Banken im Vorfeld der Finanzkrise am Markt für Commercial Papers komfortable Rettungsschirme aufspannten. Als das Geschäftsmodell versagte wurde der Rettungsschirm dem Staat in die Hand gedrückt und man stellte sich unter.

Wer dieses Buch bis hierhin gelesen hat, kann sich das Ende der Geschichte selbst zusammenreimen. Als der Markt für ABS-Anleihen taumelte, fragte man sich am Markt für Commercial Papers, was diejenigen, die dort alle 30 bis 90 Tage gewaltige Summen einsammeln, mit diesem Geld eigentlich machen. Soweit das hinter einem ABCP-Programm stehende Geschäftsmodell darin bestand, mit aufgenommenem Geld ABS-Verbriefungen des US-Immobilienmarkts zu halten, sah der Markt die Dinge nun kritischer. Trotz der Garantien schaute man genauer hin. Der Daumen senkte sich in den Fällen, in denen eher kleine Banken durch ihr Sponsoring von ABCP-Programmen Milliardenrisiken eingegangen waren.

Als der ABS-Markt austrocknete, war klar, dass die Zweckgesellschaften nunmehr gnadenlos auf den Markt für Commercial Papers angewiesen waren. Die Junkies der Finanzmärkte brauchten den nächsten Schuss, sie waren abhängig. Am Markt für Commercial Papers stiegen zu dieser Zeit zunächst die Zinsen, bis sich die Käufer am Markt für Commercial Papers gänzlich verweigerten.

Die Szene hatte ihr Urteil gesprochen. Und es war das Todesurteil für diejenigen Banken, die hinter den Zweckgesellschaften standen. Den Tüftlern aus den Finanzlaboren flog die eigene Mixtur um die Ohren. Der einst so clevere Kunstgriff der Liquiditätsfazilität, also der Garantie, wurde zum Bumerang. Denn mit der Weigerung des Marktes, weitere Commercial Papers abzunehmen, wurde nichts anderes in Frage gestellt als die Werthaltigkeit der Garantie und damit die Bonität der Bank. Es war wie bei einem Geschäft mit einem klammen Schuldner, hinter dem ein Bürge steht, der zwar einen guten Ruf hat, von dem man aber weiß, dass er in Kürze Forderungen nachkommen muss, die ihn überfordern werden.

Es folgte ein Todeskampf, den die Zweckgesellschaften und ihre Sponsoren nicht gewinnen konnten. Die zur Finanzierung der unverkäuflichen ABS-Pakete ausgegebenen Commercial Papers wurden Schlag auf Schlag fällig und waren zu erneuern. Wie auf Schienen und ohne jeden Halt glitten diese Banken Richtung Insolvenz. Es gab keine Steuerungsmöglichkeit mehr. Spektakulärer kann der Kontrollverlust eines Kreditinstituts kaum ausfallen.

Den Zweckgesellschaften und den dahinter stehenden Banken drohte die Insolvenz, denn insolvent ist nach unserem Recht auch derjenige, der seinen laufenden Verpflichtungen nicht mehr nachkommen kann. Das war der Fall, denn wenn kein Geld mehr zur Verfügung steht, um fällig werdende Commercial Papers abzulösen, kann man eben seinen laufenden Verbindlichkeiten nicht mehr nachkommen. Pleite nennt das der Volksmund. Die garantierende Bank teilt dieses Schicksal, wenn sie die Inanspruchnahme der Liquiditätslinie überfordert. Das war bei denjenigen Banken der Fall, die unvertretbar hohe Risiken eingegangen waren. Indem die mit den Liquiditätsfazilitäten verbundenen Garantien aktuell wurden, griffen die im Sumpf der Spekulation versinkenden Zweckgesellschaften nicht nur nach der Hand der dahinter stehenden Bank, sondern legten dieser eine Fessel um. Wer diese Geschäfte in einem vertretbaren Umfang betrieben hatte, konnte den Finanzierungsbedarf stemmen, hatte also die Kraft, die Zweckgesellschaft aus dem Morast zu ziehen. Einigen Banken wie der IKB und der Sachsen-LB fehlte diese Kraft. Dieser Ablauf erklärt, warum binnen weniger Tage Finanzlöcher in Milliardenhöhe aufreißen konnten und warum die Kreditanstalt für Wiederaufbau (KfW) die IKB über Nacht mit Milliarden retten musste.

c) Die Verzahnung der Gefahrenquellen und die Mär vom systemischen Risiko

Wir sind damit an eine Stelle gelangt, an der wir einen resümierenden Blick auf diesen Versuchsaufbau aus den Laboren der Finanzindustrie werfen können. Man sieht, wie sich zwei Gefahrenquellen miteinander verzahnt haben. Die erste Gefahrenquelle besteht aus toxischen ABS-Papieren, insbesondere verbrieften US-Hypotheken. Diese wurden zum Gegenstand exzessiver Fristentransformation gemacht, die seit jeher als gefährlich gilt. Man kann das auch mit einer hochgradigen, sich immer weiter steigernden Abhängigkeit vergleichen. Die ABCP-Dosis wurde im Rausch der Renditen über das Maß des Verträglichen gesteigert. Der Markt für Commercial Papers identifizierte das völlig zu Recht als riskante Überdosis und versagte weiteren Nachschub. Es folgte ein abrupt einsetzender Entzug, der mit einem totalen Kontrollverlust endete.

Wenn in diesem Zusammenhang immer wieder von systemischen Risiken gesprochen wird, muss man sehr genau hinhören. Der schillernde Begriff systemisches Risiko wird sehr gerne als Entschuldigung der Pleite deutscher Banken bemüht. Das ist ein rhetorischer Trick, denn damit wird suggeriert, dass niemand für diese Krise verantwortlich sei. Das ist aber in weiten Teilen falsch. Denn die Gefahren exzessiver Fristentransformation sind nicht neu, sondern bekannt. Man kann dieses Modell auch betreiben, indem man etwa einen günstigen Kredit sofort in hochverzinsliche Junkbonds (Schrottanleihen) investiert. Ähnlich funktionieren Modelle, bei denen man sich in einer niedrigverzinslichen Währung verschuldet (japanischer Yen), um das Geld sofort in hochverzinsliche Anlagen einer anderen Währung zu pumpen (südafrikanischer Rand). Jeder Bankmanager kennt die daraus folgenden Risiken. Mit systemischen Risiken hat *das* nichts zu tun, es handelt sich hierbei um Exzesse, die in systemische Risiken münden können.

Man kann die These, nach der sämtliche betroffenen deutsche Banken Opfer einer systemischen Krise wurden, auch rein zeitlich widerlegen. Die ABCP-Geldmaschinen der IKB und Sachsen-LB fingen bereits im Sommer des Jahres 2007 Feuer und brannten aus. Das, was man heute als systemische Krise bezeichnet, baute sich im Verlauf des folgenden Jahres auf und trat im September des Jahres 2008 mit der Insolvenz der Investmentbank Lehman Brothers ein. Dazwischen liegt mehr als ein Jahr. Banken wie die IKB waren Mitverursacher, aber nicht Opfer der systemischen Krise.

Es ist auch keineswegs so, dass alle Banken diese Geschäfte betrieben haben. Einige taten es nicht, andere in einem vertretbaren Umfang. Dagegen ist dann auch nichts einzuwenden. Die Mär von der systemischen Krise trifft nicht zu. Allenfalls waren Banken wie die IKB und die Sachsen-LB schon im Sommer des Jahres 2007 drauf und dran, eine systemische Krise hervorzurufen. Deswegen war es auch richtig, dass die damalige Regierung die IKB durch einen Kraftakt seitens der KfW retten ließ – nicht um der IKB willen, sondern um des Systems willen.

Von einer systemischen Verkettung kann man allenfalls insoweit sprechen, als dass die ABCP-Programme mit Sprengstoff bestückt worden waren, nämlich unseriösen ABS-Anleihen. Aber auch das täuscht darüber hinweg, dass das gewählte Geschäftsmodell eine mit den Grundsätzen ordentlicher Geschäftsleitung unvereinbare exzessive Fristentransformation darstellte. Man hätte diese Geschäfte derart exzessiv eben gar nicht betreiben dürfen. Weder mit ABS-Anleihen noch mit Junk-Bonds. Die These der systemischen Krise erweist sich daher als rhetorische Nebelkerze.

Die von den Banken gewählte Konstruktion war nichts anderes als der Missbrauch eines modernen Vehikels der Fremdfinanzierung, um Grundprinzipien des Bankenaufsichtsrechts systematisch umgehen zu können. Das klingt nun reichlich abstrakt und soll sogleich belegt werden.

Mit dem modernen Vehikel der Fremdfinanzierung sind ABCP-Programme gemeint. Der unbefangene Leser mag sie nach den vorstehenden Ausführungen als Teufelswerk empfinden, aber das wäre falsch. Auch hier müssen wir zwischen dem Ob und dem Wie unterscheiden. Über das Ob kann man sich kaum streiten, denn ABCP-Programme sind als solche sinnvoll, solide und hatten sich viele Jahre bewährt. Sie dienen größeren und mittelständischen Unternehmen als Finanzierungsquelle. In diesen Fällen wird auch deutlich, warum ein ABCP-Programm einen

Sponsor benötigt. Die potentiellen Käufer eines Commercial Papers haben regelmäßig keine näheren Kenntnisse über die Bonität und geschäftlichen Verhältnisse desjenigen Unternehmens, das die Commercial Papers zum Kauf anbietet. Deshalb ist es richtig, wenn sich die das ABCP-Programm betreuende Bank für die Rückzahlung des Papiers stark macht und insoweit eine Garantie ausspricht. So gelingt es eben nicht nur den großen Unternehmen, den Kapitalmarkt als günstige Finanzierungsquelle zu nutzen. Auch kleine Unternehmen kommen zum Zuge, was ihre Wettbewerbsfähigkeit stärkt und insgesamt für mehr Chancengleichheit sorgt. Deshalb kommt der Ruf nach dem Verbot solcher Zweckgesellschaften der Forderung gleich, kleineren Unternehmen den Geldhahn zuzudrehen.

Allerdings haben Banken wie die IKB dieses System missbraucht. In Wahrheit hatten diese Banken nämlich gar keinen Kunden, dessen ABCP-Programm sie betreut haben. Der Kunde wurde in einem der Reagenzgläser in den Finanzlaboren künstlich erzeugt. Man kann das als Abkömmling oder Klon ohne Gene bezeichnen, denn durch die formale Eigenständigkeit der Zweckgesellschaften kam nicht das Verhältnis von Konzernmutter und Konzerntochter zustande. Mit diesem Trick wurde das erzeugt und betrieben, was man getrost als Schattenbank bezeichnen kann.[14]

Da das Risiko letztlich die hinter dem ABCP-Programm stehende Bank traf, hätten diese Geschäfte nicht in einem Ausmaß betrieben werden dürfen, dass ein Abruf der Garantie eine die Existenz der Bank gefährdende Krise auslöst. Idealerweise wären diese Geschäfte auch mit haftendem Eigenkapital zu unterlegen gewesen. Dann wäre vieles anders verlaufen. Drei Punkte verdienen besondere Beachtung. Erstens führt haftendes Eigenkapital dazu, dass man für den Fall einer auftretenden Krise etwas zuzusetzen hat. Im Fall der ABCP-Programme heißt das ganz konkret, dass die dahinter stehende Bank über Mittel verfügt hätte, um den Engpass zu überbrücken. Zweitens wären Volumen und Risiko der Geschäfte geringer gewesen, denn haftendes Eigenkapital verhindert spekulative Exzesse, weil eine Bank wie die IKB ohne ausreichendes Eigenkapital das Risiko erst gar nicht in einen zweistelligen Milliardenbetrag hätte führen können. Der dritte Grund wird immer wieder übersehen. Indem die Geschäfte von Banken wie der IKB, Sachsen-LB und anderer Banken ohne Eigenkapitalunterlegung getätigt wurden, kam ein geradezu irrwitziges Gesamtvolumen zustand, von dem große Teile an den US-Immobilienmarkt geleitet wurden. Es war sehr viel Geld, was da in den US-Markt gepumpt wurde. Dort suchte man immer neue Grundstücke und Hauskäufer, weil man wusste, dass man die Kredite alsbald abtreten konnte, um sie in ABS-Anleihen zu verbriefen, mit denen deutsche Banken dann am Ende ihre ABCP-Geldmaschinen bestückten.

Der Grundsatz der Eigenkapitalunterlegung schützt also nicht nur das Kreditinstitut vor finanziellen Schieflagen. Er beugt auch exzessiven Entwicklungen vor und sorgt schließlich auch für Transparenz. Soweit die Geschäftsleiter einer Bank nämlich

14 *Sachverständigenrat zur Begutachtung der gesamtwirtschaftlichen Lage*, Jahresgutachten 2008/09, 120.

meinen, dass sie ein Geschäftsmodell entwickelt haben, das es wert ist, bis an die Grenzen der Eigenkapitalausstattung zu gehen, kann die bankaufsichtsrechtliche Pflicht zur Eigenkapitalunterlegung heilsame Folgen haben. Wenn das Eigenkapital weitgehend gebunden ist, das Geschäft aber trotzdem noch ausgebaut werden soll, dann steht zur Umsetzung dieser Pläne oft nur die Möglichkeit der Kapitalerhöhung auf Seiten der Bank zur Verfügung. Wenn aber die Eigentümer eines Kreditinstituts, in der Praxis sind das zumeist Aktionäre, neues Geld zur Verfügung stellen sollen, verlangen sie dafür eine Begründung. Das wiederum bewirkt, dass die Geschäftsleitung ihr Modell reflektiert. In diesem Sinne stiftet der Grundsatz der Eigenkapitalunterlegung auch einen Moment der Besinnung. Er eröffnet im guten Sinne die Chance zur Selbstkritik.

d) Die Regulierungslücke

Der von deutschen Banken gewählte Kunstgriff der ABCP-Programme zum Betreiben einer Schattenbank war in dieser Form möglich, weil es das gab, was man als Regulierungslücke bezeichnet. So ist jedenfalls die herrschende Sicht der Dinge. Die Garantien, mit denen die Banken den Verkauf der Commercial Papers begleiteten, waren nach den bis zum Jahr 2007 geltenden Vorschriften auf der Grundlage von „Basel I" nicht mit Eigenkapital zu unterlegen. Das war und ist kein Skandal, sondern ein im ersten Takt vernünftiger Gedanke. Denn eine Garantie führt noch nicht zu einem Geldfluss. Es handelt sich um eine Eventualverbindlichkeit, bei der man nicht weiß, ob sie eintritt oder nicht. An dieser Stelle muss man nur im zweiten Takt dafür sorgen, dass die Bank im Ernstfall immer genug Mittel hat, um dann, wenn die Garantie abgerufen wird, solvent zu bleiben. Im Fall der echten und soliden ABCP-Programme hieße das, dass die Bank als Sponsor insoweit einspringt, wie Commercial Papers aus dem ABCP-Programm heraus nicht bedient werden können. Das Geld bekommt sie dann von ihrem Kunden zurück, für den sie das ABCP-Programm betreibt.

In den von den Banken mittels der ABCP-Programme initiierten Schattenbanken gab es jedoch gar keine Kunden aus der Wirtschaft, denen man bei der Verbriefung half, um günstige Finanzierungsquellen zu erschließen. Die Liquiditätsfazilitäten wurden in eigener Sache vergeben. Das gesamte Geschäftsmodell lief ausschließlich im eigenen Interesse der Bank. Es war ein Missbrauch einer Lücke, eine geschickt eingefädelte Umgehung. Es gab keinen Geschäftspartner, in dessen Interesse man das ABCP-Programm betrieb und an den man sich im Wege des Regresses halten konnte, wenn der Garantiefall eintrat. Das Geschäft dieser Schattenbanken lief auf eigenes Risiko und hätte nach den Grundprinzipien des Bankenaufsichtsrechts mit Eigenkapital unterlegt werden müssen.

Die Geschichte dieser Schattenbanken verlief in gewisser Weise tragisch, weil die Schließung der Regulierungslücke unmittelbar bevor stand. Das Regelwerk „Basel II" sah das nach jahrelangen Beratungen vor. Innerhalb der Europäischen Union wurde das Regulierungsprogramm in zwei Richtlinien gepackt. Diese Richtlinien richteten sich dann an die Mitgliedstaaten. Die Mitgliedstaaten wiederum transformierten die Regelungen in nationales Recht. Das nationale Recht sah wiederum Übergangsvorschriften vor. Dieser zähe Regulierungsmarathon kostete Zeit und kam zu spät ins Ziel. Die IKB und die Sachsen-LB kollabierten noch unter dem alten Recht. Die Mechanismen internationaler Regulierung waren wieder einmal zu verschachtelt, zu zäh und zeitraubend.

Es stimmt nachdenklich, wenn sogar Aufsichtsbehörden allen Ernstes meinen, dass es bezüglich des Betreibens von Schattenbanken via ABCP-Programmen tatsächlich eine entschuldigende Regulierungslücke gab. Man beruft sich auf einen seinerzeit geltenden Grundsatz des Bankenaufsichtsrechts, nach dem außerbilanzielle Kreditzusagen mit einer unterjährigen Laufzeit nicht mit Eigenkapital zu unterlegen waren.[15] Dabei vergisst man aber, dass die Geschäfte nur auf dem Papier außerbilanziell waren, weil sie mit einem künstlich erzeugten Dritten gemacht wurden, der wie ferngesteuert im Interesse der Bank handelte. Daran zeigt sich ein weiterer Fehler der Regulierung. Man verzettelt sich in Details, anstatt in festen Grundsätzen zu denken. Es entsteht ein Wirrwarr von Gesetzen, das selbst Experten Schwierigkeiten bereitet. Die ermüdend zähe Umsetzung von Basel II ist ein gutes Beispiel dafür. Sie verlief nicht nur über EU-Richtlinien und deutsche Gesetze, sondern in Deutschland ging der Staffellauf weiter. Zur detaillierten Umsetzung trat eine Rechtsverordnung mit dem schönen Namen Solvabilitätsverordnung in Kraft. Das ist ein Regelwerk mit über 300 Seiten.

Ausführliches Recht soll mit diesen Ausführungen keineswegs kritisiert werden. Bankenregulierung ist komplex und schwierig. Allerdings läuft man Gefahr, in einen Zustand zu geraten, den ein Sprichwort wie folgt umschreibt: Man sieht den Wald vor lauter Bäumen nicht. So war es im Fall der via ABCP-Programmen betriebenen Schattenbanken. Ohne in das juristische Detail abgleiten zu wollen, sei hier doch darauf hingewiesen, dass das deutsche Bankenrecht zwei Vorschriften enthält, die von den betroffenen Banken missachtet, bzw. durch sich verzettelnde Detailregelungen aus den Angeln gehoben wurden. Eine Vorschrift (§ 10 Abs. 1 KWG) besagt, dass Kreditinstitute im Interesse der Erfüllung ihrer Verpflichtungen gegenüber ihren Gläubigern, insbesondere im Interesse der Sicherheit der ihnen anvertrauten Vermögenswerte, angemessene Eigenmittel haben müssen. Das war aufgrund der in den ABCP-Programmen angelegten Umgehungsstrategie nicht der Fall. Nach einer weiteren Regelung (§ 11 Abs. 1 KWG) müssen Banken ihre Mittel so anlegen, dass jederzeit eine ausreichende Zahlungsbereitschaft (Liquidität) gewährleistet ist. Auch das war nicht gegeben. Die eklatante Verletzung dieser Grundsätze sieht man schon daran, dass mit einem Schlag alles vorbei war. Als der Markt die Abnahme weiterer Commercial Papers verweigerte, waren die betroffenen Banken mit ihrer noch vor-

15 So etwa der damalige Präsident der Bundesanstalt für Finanzdienstleistungsaufsicht (BaFin), *Sanio,* Die Fortentwicklung der Bankenaufsicht, Rede vom 28.05.2009.

handenen Liquidität nicht mehr in der Lage, ihren Verbindlichkeiten nachzukommen.

Es wurde also gegen an sich klare Grundsätze verstoßen, die aber nicht mehr so recht greifbar waren, weil man sich so lange in weiter ausführendem Recht mit Details beschäftigt hatte, bis der Blick auf vorhandene Grundsätze abhanden gekommen war und diese leer liefen. Die im Detail ungeheuer komplexe Regulierung hatte Lücken gerissen und sich selbst gefressen. Letztlich hatte die internationale Regulierung feste Grundsätze von innen her so ausgehöhlt, dass mit einem Griff in die Trickkiste Geschäfte betrieben werden konnten, die zur konkreten Existenzgefährdung von Banken führten. Rechtlich wäre es einzelnen Staaten sogar möglich gewesen, diesen Geschäften einen Riegel vorzuschieben. Aber das macht man nicht mehr, weil jede Regierung auf den internationalen Standard wartet, mit dem dann alle im Gleichschritt in dieselbe Richtung marschieren. Das war noch nie eine gute Idee.

e) EU-Kommission förderte das blinde Vertrauen in Ratings

Auf die zweifelhafte Rolle der Rating-Agenturen bei der Entstehung der US-Hypothekenkrise wird zu Recht immer hingewiesen. Diese Macht der Ratings kam jedoch nicht über uns, sondern wurde vor allem von der EU-Kommission in ihrem tiefen Glauben an eine Art „anglo-amerikanische Architektur der Finanzmärkte" gefördert. Es war die EU-Kommission, deren Politik dazu geführt hat, dass der marktbestimmende Einfluss der Rating-Agenturen auch in Europa immer weiter zugenommen hat. Einwände oder Kritik gegen die Macht dieser Privatunternehmen aus den USA wurden in den Wind geschlagen. Entsprechende Versuche schmetterte die EU-Kommission ab.

Das ist keineswegs eine eigene Wahrnehmung, sondern man kann das bis in das Detail nachweisen. Hier sei nur ein Beispiel erwähnt: Das EU-Parlament veröffentlichte am 28. Januar 2004 einen Bericht, der die Rolle und die Macht der Rating-Agenturen in den Blick nahm.[16] Die Parlamentarier warnen vor einer blinden Übernahme des US-Konzepts und liefern ein handfestes Beispiel für ihre Anliegen. Dort heißt es:

> *Nach dem Zusammenbruch von Enron im Januar 2002 führte das „Committee on Governmental Affairs" des US-Senats eine umfassende Untersuchung durch, um Informationen darüber zu erhalten, warum die Rating-Agenturen Enron bis 4 Tage vor dem Konkursantrag als gutes Kreditrisiko (Anlagequalität) einstuften, und um zu ermitteln, wie solche Katastrophen künftig vermieden werden können.*

16 *Ausschuss für Wirtschaft und Währung*, Bericht über die Rolle und die Methoden von Rating-Agenturen, 9 ff.

In der Tat gab der Fall Enron bereits im Jahr 2002 hinreichend Anlass, Ratings zumindest kritisch zu hinterfragen. Die EU-Kommission antwortete darauf mit der Mitteilung 2005/11990 vom 23.12.2005. Sie endet mit der Feststellung:

> *Der Aufforderung des Europäischen Parlaments folgend hat sich die Kommission sehr eingehend mit der Frage befasst, ob in Bezug auf die Tätigkeit von Rating-Agenturen neue Legislativvorschläge erforderlich sind und gelangte zu dem Schluss, dass dies derzeit nicht der Fall ist. Einer der Hauptgrundsätze bei den Bemühungen um eine „bessere Rechtsetzung“ lautet, dass die EU nur dann rechtsetzend tätig werden sollte, wenn dies zur Erreichung der politischen Ziele unbedingt erforderlich ist. Dies hält die Kommission in diesem Bereich für nicht erwiesen.*[17]

Der Text ist Ausdruck einer glasklaren Fehleinschätzung der Bedeutung und Zuverlässigkeit von Ratings. Im Lichte der verheerenden Folgen, die zweifelhafte Ratings im Zusammenhang mit der Verbriefung von Kreditrisiken angerichtet hatten, ruderte die EU-Kommission nach Ausbruch der systemischen Finanzkrise zwar zurück. Es folgten Stellungnahmen und Initiativen der EU-Kommission, die Ratings kritischer sahen. Da war es aber wieder einmal zu spät.

Diese Fehleinschätzung der EU-Kommission mit anschließender Nachbesserung und Rückzugsgefechten ist für den Bereich des Bank- und Kapitalmarktrechts symptomatisch für diese Behörde. Wir brauchen in Europa vieles, aber gewiss keine Statements, Berichte oder Mitteilungen der EU-Kommission, die nur das zusammenfassen, was ohnehin schon alle wissen. Dass sich zahlreiche Banken in Europa im Vorfeld der Finanzkrise viel zu stark auf Ratings verlassen hatten, ist bekannt.

Interessant und nachhaltig zu betonen ist hingegen, dass diese Fehleinschätzung der Banken auch eine Frucht der Politik der EU-Kommission darstellt. Die Produkte aus den Finanzlaboren mit dem Gütesiegel AAA und ein blinder Glaube an Ratings hatten Europa bereits infiziert, als die EU-Kommission Ratings noch immer kritiklos einschätzte. Aus diesem Grund gab es auch zahlreiche EU-Vorschriften, mittels derer Banken empfohlen oder vorgeschrieben wurde, auf Ratings als Mittel der Risikoeinschätzung zurückzugreifen.

Diese Art der Rechtsangleichung ist gefährlich, weil sie die Finanzmärkte Europas und ihre Akteure mit identischen Schwachstellen versieht. Das geschieht freilich nicht mit bösem Willen, aber das ist nur ein schwacher Trost, wenn einer der Finanzmarktviren an einer nicht erkannten Schwachstelle in das Bankensystem eindringt.

[17] *EU-Kommission,* Mitteilung, der Kommission über Rating-Agenturen, 9.

Drittes Kapitel

Die Staatsschuldenkrise und das Versagen der EU

Damit kommen wir zur Staatschuldenkrise, die auch als Eurokrise bezeichnet wird. Letzteres trifft den Kern der Krise nicht ganz, denn als eigentliche Ursache der Krise müssen zunächst die Staatsschulden von denjenigen Mitgliedstaaten der EU genannt werden, die am Euro teilnehmen. Allerdings passt der Begriff der Eurokrise auch, weil die aus dem Ruder laufenden Staatsschulden das Projekt der Europäischen Währungsunion gefährden.

Die Schwere der Staatsschuldenkrise hat vor allem damit zu tun, dass die Finanzmärkte kurz zuvor die systemische Finanzkrise durchlaufen hatten. Viele Banken, Staatshaushalte und ganze Volkswirtschaften waren noch geschwächt. In Deutschland hingen ganze Bankkonzerne am Tropf des Staates. Insoweit haben sich die Krisen in einer durchaus tragischen Weise miteinander verzahnt, was die Nervosität der Märkte zusätzlich erhöhte.

1. Die verklärte Sicht der EU-Institutionen

Die Gefährdung des Europäischen Währungs- und Bankensystems wurde von den EU-Institutionen von Anfang an unterschätzt. Das lässt sich anhand zahlreicher Dokumente nachweisen. So veröffentlichte die EU-Kommission am 7. Mai 2008 ein Grundsatzpapier zum zehnjährigen Bestehen der Europäischen Wirtschafts- und Währungsunion, es ging also um zehn Jahre Euro. Bei der EU-Kommission handelt es sich immerhin um die administrative Spitze der EU. Man durfte gespannt sein, was aus Brüssel zu den Verwerfungen an den Finanzmärkten zu hören war, denn zu dieser Zeit waren die internationalen Finanzmärkte bereits in eine schwere Krise gerutscht. Im März 2008 konnte die US-Investmentbank Bear Stearns gerade noch aufgefangen werden. In Deutschland waren schon im Jahr 2007 die Industriekreditbank (IKB) und die Sächsische Landesbank (Sachsen-LB) kollabiert. Unter den Banken war eine Vertrauenskrise – eben die systemische Finanzkrise – ausgebrochen. Gleichwohl stößt man in dem Papier der EU-Kommission auf folgende Aussagen:

> *Die Wirtschaft des Euroraums hat bei der wirtschaftlichen und finanziellen Integration ein rascheres Tempo angeschlagen als der Rest der EU und ist inzwischen besser in der Lage, externe Schocks zu verkraften. […] Der Eu-*

roraum ist zu einem Pol der Stabilität für Europa und die Weltwirtschaft geworden.[18]

Das klingt gut, dokumentiert aber nichts anderes als eine verklärte Sicht auf den Euro und die Verkennung der tatsächlichen Lage an den Finanzmärkten. Der Text stammt von einer Behörde, die es eigentlich nicht nur besser wissen musste, sondern für das Entstehen der schweren Eurokrise mitverantwortlich ist. Die Originalzitate sind natürlich aus dem Gesamtzusammenhang gerissen, aber wer sich ein Bild davon machen will, wie kolossal falsch die EU-Kommission die Entwicklung des Euros und Finanzmärkte einschätzte, dem sei die Lektüre des ganzen Dokuments empfohlen.

Ein halbes Jahr später hatte sich die Finanzkrise weiter verschärft. Im September 2008 ging die US-Investmentbank Lehman Brothers in die Insolvenz. In Deutschland kollabierte wenig später mit der Hypo Real Estate eine Großbank aus dem Deutschen Aktienindex DAX. Die Finanzmärkte gingen weltweit teilweise in den freien Fall über.

Überall brach nackte Panik aus, nur nicht in Brüssel. Als der Euro mit dem Beginn des Jahres 2009 zehn Jahre alt wurde, da wurde gefeiert. Alle EU-Institutionen waren von dem Euro sehr angetan. Das lag daran, dass sich der Euro zu Beginn und auch noch im Verlauf der systemischen Finanzkrise gegenüber dem US-Dollar und dem englischen Pfund vergleichsweise gut behauptete. Dieser vermeintliche Vertrauensbeweis der Märkte wurde aber völlig falsch eingeschätzt, denn er war nur die Kehrseite einer Fluchtbewegung aus dem US-Dollar und dem britischen Pfund infolge eines tiefen Misstrauens, das den Finanzplätzen in New York und London auf dem Höhepunkt der Krise entgegenschlug.

Das EU-Parlament ließ den Euro im Januar 2009 mittels einer unfreiwillig komisch wirkenden Pressemeldung feiern.[19] Der Euro wurde als Zehnjähriger beschrieben, dessen Geburtstag man feiert. Er sei aus dem Gröbsten raus, habe aber auch Herausforderungen vor sich. Alle EU-Mitgliedstaaten müssten dem Euro beitreten, auch die Briten.

Aus dem Gröbsten raus und alle anderen rein? Da rieb sich mancher damals schon die Augen. Immerhin wütete vor der Tür eine schwere systemische Finanzkrise, die den Zehnjährigen zwar bis dahin noch nicht ganz mitgerissen hatte, der er aber weiter standhalten musste. Wer sich nur halbwegs im Bank- und Kapitalmarktrecht und mit den Grundzügen der Ökonomie der Finanzmärkte auskennt, dem wurde angesichts der Verzahnung der auslaufenden Systemkrise mit der Verschuldung einiger EU-Mitgliedstaaten schon im Jahr 2009 zusehends unwohl, weil Europas Banken nach dem Willen der EU (unter Federführung der EU-Kommission) die Staatsanlei-

18 *EU-Kommission,* WWU@10: Zehn Jahre Wirtschafts- und Währungsunion – Errungenschaften und Herausforderungen, 4 f.

19 *EU-Parlament,* 10 Jahre Euro: Krise beweist Reife und Wert des Geburtstagskindes.

hen von EU-Mitgliedstaaten nicht mit Eigenkapital unterlegen mussten. Der Kauf einer Staatsanleihe ist indes nichts anderes als eine Kreditvergabe. Ergeben sich Zweifel an der Werthaltigkeit eines Kredits, wird das von den Finanzmärkten gnadenlos über den Zins bzw. die Rendite abgebildet. Es war falsch, den Euro zu dieser Zeit als stabilisierenden Faktor anzusehen. Das war aber die offizielle Politik der EU-Institutionen. Genau das Gegenteil war jedoch richtig. Dem Zehnjährigen stand das Gröbste noch bevor. Davon war in dem EU-Papier aber nicht die Rede, sondern nur von nicht näher benannten Herausforderungen der Zukunft. Die Mitgliedstaaten müssten enger zusammenarbeiten und den Zehnjährigen nicht weiter als Waisenkind behandeln, sondern sich um das Sorgerecht kümmern und die Elternschaft voll wahrnehmen.

Der Vergleich mit einem Zehnjährigen, um den man sich nun endlich kümmern müsse, war nicht nur eine schlecht gewählte Metapher, sondern auch ein im Detail schiefes Bild. Im Umkehrschluss hieß das nämlich, dass die zuvor betonte gute Entwicklung des Zehnjährigen mit denen, die den Euro da feiern, eigentlich wenig zu tun hatte. Das Ganze wirkte wie die Tischrede einer aus der Ferne angereisten Tante, die weder das Leben des Zehnjährigen noch seine Probleme auch nur im Ansatz kennt. Wer das las, in dem stiegen Zweifel auf, ob sich eine solche Tante um den Zehnjährigen überhaupt kümmern sollte.

Freilich durfte man in den Jahren 2008 und 2009 keine offiziellen Verlautbarungen der EU erwarten, die geeignet gewesen wären, die systemische Finanzkrise weiter anzuheizen. Nachdenklich stimmt jedoch, dass diese Selbstzufriedenheit der EU-Institutionen offenbar nicht gespielt war. Man glaubte das tatsächlich. Die Lage wurde nicht geschönt, sondern verkannt.

Mangelnde Selbstkritik und die Verkennung von aufziehenden Gefahren machen jedoch anfällig. Was Boxer wirklich fürchten, dass sind die Schläge, die man nicht kommen sieht. Schläge aus dem Nichts, weil dann die Gefahr eines Knockouts besonders groß ist. Die EU wurde in der Folgezeit mehrfach schwer getroffen. Einige Schläge kamen in der Tat wie aus dem Nichts, die schweren Treffer waren aber schon lange unterwegs.[20] Sie schlugen kurz nacheinander ein und zeigten Wirkung.

20 Einige Ökonomen und Juristen hatten schon lange davor gewarnt. Genannt seien nur *Wilhelm Hankel, Wilhelm Nölling, Joachim Starbatty* und *Karl Albrecht Schachtschneider*. Sie saßen mit dem Gongschlag zur ersten Runde am Ring und riefen warnend in das Geschehen, als sich die EU noch locker tänzelnd gab. Es ist eine gute Seite der Wissenschaft, dass sie auch einen Blick zurückwirft und so wird das Wirken dieser Wissenschaftler und wahren Europäer gewiss auch noch hinreichend gewürdigt werden. Die vom Bundesverfassungsgericht am 31. März 1998 abgewiesenen Bedenken gegen die „Einführung des Euro" kann man in der Entscheidung des BVerfG, Beschluss vom 31.03.1998 – 2 BvR 1877/97 – 2 BvR 50/98, abrufbar im Internet: <http://www.bundesverfassungsgericht.de/entscheidungen/rs19980331_2bvr187797.html> (Stand: 17.09.2012), nachlesen.

Die EU wankte. Angeschlagen schleppte sie sich durch das Jahr 2010, bevor im Jahr 2011 Kontrollverlust und Desorientierung einsetzten.

Die Schuldenkrise Griechenlands hatte sich als massiver Fall einer Insolvenzverschleppung entpuppt. Der erste Mitgliedstaat der EU war pleite. So pleite, dass niemand mehr bereit war, dem Schuldner Griechenland Kredit zu geben. Denn der Kauf einer Staatsanleihe ist nichts anderes als ein Kredit, also die Hingabe von Geld gegen ein Zinsversprechen. Das macht man aber nicht, wenn von Anfang an davon auszugehen ist, dass das Geld nicht zurückgezahlt werden wird. Auch Irland und Portugal hingen im Jahr 2010 am Tropf europäischer Hilfspakete. In der Folgezeit stiegen die Zinsen italienischer und spanischer Staatsanleihen. Ende des Jahres 2011 stellte die erste Rating-Agentur die AAA-Bonität Frankreichs in Frage.

Wenn man schon die Begriffe des Sorgerechts und der Elternschaft im Zusammenhang mit dem Euro bemühen möchte, dann passt eher folgendes Bild: Der Zögling befand sich kurz nach seinem zehnjährigen Geburtstag in der Hand der Kapitalmärkte, und Europas Regierungschefs boten dreistellige Milliardenbeträge als Lösegeld.

Die Frage, wie es zu dieser Situation kommen konnte, die Kriminalisten bei der Geiselnahme oder dem erpresserischen Menschenraub als Bemächtigungslage bezeichnen, ist von großer Bedeutung. Es ist eben kein Zufall, dass diejenigen Völker Europas, die an der Währungsunion teilgenommen hatten, seit dem Jahr 2010 belagert und erpresst werden.

Eines kann man vorweg nehmen. Dahinter steht kein Plan der Finanzmärkte, keine Verschwörung von Banken oder Spekulanten, die an den Börsen der Welt vagabundieren, um sich die verschiedenen Kontinente vorzuknöpfen und zu erpressen. Es handelt sich um die Summe vieler kleiner Fehler, einiger Unregelmäßigkeiten von Akteuren an den Finanzmärkten, schwerer Fehler der EU-Politik und ihrer Institutionen und vor allem um eine Verzahnung der systemischen Finanzkrise der Jahre 2007 bis 2009 mit der Euro- bzw. Staatsschuldenkrise.

2. Wie sich im EU-Recht der glatte Vertragsbruch etablierte

Die Verklärung der Währungsunion kommt nicht nur dadurch zum Ausdruck, dass man sich zu Beginn und während der systemischen Finanzkrise gegenseitig auf die Schultern klopfte. Bei genauem Hinsehen gab es für die Selbstzufriedenheit der EU mit ihrer Währung schon im Vorfeld der systemischen Krise keinen Grund, denn man kann nicht feststellen, dass in einem EU-Mitgliedstaat wie Dänemark, das sich in einer Volksabstimmung gegen den Euro entschieden hatte, das große Elend ausgebrochen war.

Gleiches gilt für Schweden. Auch dieses Land steht sehr gut da. Die Bürger beider Staaten hatten sich gegen den Euro entschieden, obwohl düstere Prognosen den

Menschen für den Fall des Neins wirtschaftlich schlechte Zeiten vorhergesagt hatten. Das Gegenteil trat ein, und schlechte Europäer sind die Dänen und die Schweden keineswegs. Es gibt auch wenig Anhaltspunkte dafür, dass ein EU-Mitglied wie Großbritannien mit seiner extremen Abhängigkeit von der Finanzindustrie die Krise mit dem Euro besser durchlaufen hätte. Auch hier ist genau das Gegenteil richtig, denn die Krise des Euro hätte die schweren Verwerfungen am Finanzplatz London um einen weiteren Krisenherd bereichert.

Diejenigen EU-Staaten, die der Währungsunion beigetreten waren, taumelten dagegen von einer Krise in die nächste, wobei man allerdings zwei Aspekte unterscheiden muss. Von einer Pleite einzelner Eurostaaten wie Griechenland wären nicht nur die Mitglieder der Währungsunion betroffen. Gläubiger Griechenlands gibt es auf der ganzen Welt. Das zusätzliche Problem der Eurostaaten besteht in der weiteren Gefahr der Mithaftung, die man auch als Regress für die Schulden anderer umschreiben kann. Den dürfte es nach den Europäischen Verträgen zwar nicht geben, faktisch ist das aber längst der Fall.

Die eigentliche Triebfeder der Eurokrise ist nicht der Euro an sich, sondern die Gefahr von Zahlungsausfällen. Als die Insolvenz Griechenlands absehbar wurde, fragte man sich völlig zu Recht, ob die bereits geschwächte Finanzbranche die Pleite eines EU-Mitgliedstaats verkraften kann. Viele Banken oder Versicherungen haben Geld in Staatsanleihen von EU-Mitgliedstaaten investiert, darunter eben auch Griechenland. Diese Staatsanleihen waren nicht mit Eigenkapital zu unterlegen, wie das Banken bei sonstigen Krediten machen. Die Anleihen der EU-Staaten galten teilweise sogar als Quasi-Eigenkapital. Daran zeigt sich die verheerende Wirkung der Eurokrise bzw. Staatsschuldenkrise. Das, was Banken als Risikopuffer in ihre Bücher genommen hatten, wurde zum Risiko, zur tickenden Zeitbombe.

Das Ganze war nichts anderes als ein neuer Schritt in die systemische Krise. Die eigentliche Frage war nicht nur, wer in Griechenland Geld verlieren würde. Heikel war die Frage, wer von denen, die sich mit griechischen Staatsanleihen vollgesogen hatten, den Zahlungsausfall Griechenlands verkraften würde. In Gefahr war eben nicht nur derjenige, der griechische Papiere erworben hatte, sondern auch derjenige, der mit den Erwerbern dieser Anleihen Geschäfte machte.

Das Ausmaß der Verstrickung zeigt sich daran, dass ein Zahlungsausfall Griechenlands angesichts der vergleichsweise geringen Bedeutung der griechischen Volkswirtschaft international sogar zu verkraften gewesen wäre. Allerdings lässt sich ein solches Ereignis nicht isolieren. In einem solchen Fall wird eben auch gefragt, wer denn der nächste Kandidat sein könnte und welches Kreditinstitut die Staatsanleihen solcher Kandidaten in den Büchern hatte.

Das war nichts anderes als eine Vertrauenskrise unter Banken in einem neuen Gewand. Wieder einmal zeigte sich das systemische Ausmaß von Insolvenzgefahren. Wer würde eine Pleite Griechenlands und das Wackeln anderer Kandidaten überstehen und wer nicht? Wenn auch nur einige Banken ausfallen würden, könnte eine Kettenreaktion entstehen, weil mit diesen Banken wiederum andere verwoben sind.

Am Ende könnte es sogar Banken erwischen, die nicht einen Cent in griechische Staatsanleihen investiert haben. Das ist perfide und zeigt das systemische Ausmaß der Eurokrise bzw. Staatsschuldenkrise in Europa. Aus diesem Grund unternahmen die Regierungen Europas alles, um einen solchen Dominoeffekt zu vermeiden.

Dieser Blick auf die Dinge erklärt auch, warum an den Finanzmärkten im Verlauf des Jahres 2011 zusehends eine spezifisch auf den Euro bezogene Untergangsstimmung aufzog.[21] Der Markt scannte die Risiken. Es ging längst nicht mehr nur um das faktisch insolvente Griechenland. Plötzlich stand Italiens Bonität in Rede. Die Schuldenkrise der Eurostaaten hatte sich bis zu einem Stützpfeiler des europäischen Hauses vorgefressen. Die verpönte, aber doch durchaus nahe liegende Frage, ob man aus einem solchen Haus nicht besser wieder auszieht, zerrte zusätzlich an den Nerven. Die Verfechter der gemeinsamen Währung und auch Institutionen der EU taten Dinge, die sie ursprünglich eigentlich weder wollten oder durften. Die Europäische Zentralbank begann, Staatsanleihen einzelner Mitgliedstaaten aufzukaufen. Man kann das auch als Stützungskäufe oder Kurspflege umschreiben. Die Mitgliedstaaten der Währungsunion spannten Rettungsschirme auf, die innenpolitisch kaum zu legitimieren sind, weil man den Bürgern vorher definitiv anderes versprochen hatte und in den EU-Verträgen anderes steht.

Schließlich flutete die EZB den Finanzmarkt mit Geld, indem Banken etwa Geld mit einer Laufzeit von drei Jahren zu einem Prozent Zinsen zur Verfügung gestellt wurde. Das hat den Vorteil, dass eine Bank weiterhin bereit ist, ihren Kunden Kredite zur Verfügung zu stellen.

Mit alldem wurde ein glatter und eklatanter Vertragsbruch vollzogen. In den EU-Verträgen, also der ranghöchsten Kategorie des Rechts der Europäischen Union, steht folgender Passus:[22]

> *Die Union haftet nicht für die Verbindlichkeiten der Zentralregierungen, der regionalen oder lokalen Gebietskörperschaften oder anderen öffentlich-rechtlichen Körperschaften, sonstiger Einrichtungen des öffentlichen Rechts oder öffentlicher Unternehmen von Mitgliedstaaten und tritt nicht für derartige Verbindlichkeiten ein; dies gilt unbeschadet der gegenseitigen finanziellen Garantien für die gemeinsame Durchführung eines bestimmten Vorhabens. Ein Mitgliedstaat haftet nicht für die Verbindlichkeiten der Zentralregierungen, der regionalen oder lokalen Gebietskörperschaften oder anderen öffentlich-rechtlichen Körperschaften, sonstiger Einrichtungen des öffentlichen Rechts oder öffentlicher Unternehmen eines anderen*

21 Vgl. etwa *Sievers*, „Der Euro ist gescheitert“, Beitrag auf www.fr-online.de vom 31.10.2011.

22 So steht es wortwörtlich in den Europäischen Verträgen, in der Fassung des Vertrages von Lissabon kann man es in Artikel 125 AEUV (Vertrag über die Arbeitsweise der Europäischen Union) nachlesen.

Mitgliedstaats und tritt nicht für derartige Verbindlichkeiten ein; dies gilt unbeschadet der gegenseitigen finanziellen Garantien für die gemeinsame Durchführung eines bestimmten Vorhabens.

Rein formal kann man dem Vorwurf des Vertragsbruchs mit dem Argument entgegnen, dass der Europäische Stabilitätsmechanismus (ESM) auf einem gesonderten völkerrechtlichen Vertrag beruht und damit ein Recht geschaffen wurde, das sich außerhalb des EU-Rechts bewegt. Europas Bürgern sind solche Spitzfindigkeiten eher unheimlich und damit liegen sie völlig richtig. In der Sache praktiziert man eine Mithaftung der Eurostaaten untereinander, die den Europäischen Verträgen eindeutig widerspricht, auch wenn diese Mithaftung jenseits der Europäischen Verträge gesondert vereinbart wurde.

Mittels des ESM-Vertrages und einer Ergänzung der EU-Verträge soll dieser Makel im Laufe des Jahres 2012 behoben werden. Dann wird in den EU-Verträgen folgende Formulierung zu finden sein:[23]

Die Mitgliedstaaten, deren Währung der Euro ist, können einen Stabilitätsmechanismus einrichten, der aktiviert wird, wenn dies unabdingbar ist, um die Stabilität des Euro-Währungsgebiets insgesamt zu wahren. Die Gewährung aller erforderlichen Finanzhilfen im Rahmen des Mechanismus wird strengen Auflagen unterliegen.

Dieses Bemühen, das EU-Recht den Gegebenheiten anzupassen, verdient Anerkennung. Indes ist nicht zu verkennen, dass die Mitgliedstaaten der Währungsunion zu Getriebenen geworden sind. Das auf den Euro bezogene Recht der Mitgliedstaaten ist purer Not und Angst geschuldet.

Die ganze Dramatik und das hohe Tempo dieser Entwicklung zeigen sich daran, dass man zu Beginn der Krise Italien noch zu denen zählte, die im Ernstfall auch einen Rettungsschirm aufspannen oder zumindest mithalten könnten. Im April 2010 machte sich der damalige italienische Ministerpräsident Berlusconi für ein Hilfsprogramm zugunsten Griechenlands stark, das „unsere ganze Unterstützung" habe.[24] Im Jahr 2011 musste man damit rechnen, dass Italien selbst Hilfsprogramme benötigt. Der Retter Berlusconi wurde als Ministerpräsident abgelöst.

Die eigentliche Befürchtung bestand und besteht darin, dass die Zahlungsunfähigkeit eines EU-Mitgliedstaats das auslöst, was man als Flächenbrand bezeichnet. Es geht eben nicht nur um die Solvenz eines einzelnen Staates, sondern auch um die Solvenz seiner Gläubiger. Entsprechend hektisch waren die Rettungsmaßnahmen der EU, die bis heute experimentell wirken.

[23] Die Vertragsergänzung ist in Artikel 136 AEUV vorgesehen.

[24] *Pylas,* Neuer Schlag für Griechenland, Beitrag auf www.tagesanzeiger.ch vom 09.04.2010.

3. Die Demütigung demokratischer Willensbildung

Auch die Parlamente der Mitgliedstaaten brachen frühere Versprechungen und Gesetze. Man machte einfach neue. Nun sind neue Gesetze nichts Besonderes, denn das Recht reagiert häufig auf Veränderungen. Bedenklich daran ist jedoch, dass man diese Gesetze eigentlich nicht wollte. Sie wurden aus der Not geboren. Die am Euro teilnehmenden Mitgliedstaaten waren zur Geisel der eigenen Währung geworden. Milliardenversprechen wurden abgepresst.

Dahinter steckt indes keine Strategie der Befürworter Europas, weshalb man Kritik sorgfältig abwägen sollte. Es ist nicht so, dass der EU freundlich gesonnene Politiker den Euro als ihr Baby aus Trotz und um jeden Preis schützen wollten oder wollen. Sie rangen und ringen um eine Stabilisierung unseres Finanzsystems, das auch das Finanzsystem der EU-Gegner und Euro-Skeptiker ist. Es geht längst nicht mehr um den Euro als solchen. Gleichwohl bleibt die Erkenntnis, dass die Notlage den Strukturen demokratischer Willensbildung Schaden zugefügt hat.

Man kann das anhand zahlreicher Beispiele belegen. Als der frühere griechische Ministerpräsident Papandreou, den die Krise ebenfalls das Amt kostete, im Herbst des Jahres 2011 plante, zur Frage der sehr weit gehenden Sparauflagen das griechische Volk zu befragen, wurde ihm mit der sofortigen Einstellung jeder Hilfe gedroht.[25] Hinter dieser Drohung stand keineswegs der Plan, das Selbstbestimmungsrecht Griechenlands zu negieren. Es war die nackte Angst, dass sich die Krise unkontrolliert entladen und Europas Banken in den Abgrund reißen könnte.

Sogar innerhalb der einzelnen Mitgliedstaaten wurden die Strukturen demokratischer Willensbildung schwer beschädigt. Deutschland ist davon nicht ausgenommen. Wer als Volksvertreter wie der Bundestagsabgeordnete Bosbach gegen die Rettungspakete stimmen und völlig zu Recht darauf aufmerksam machen wollte, dass man den Menschen anderes versprochen hatte, dem wurde von dem Kanzleramtsminister Pofalla schon einmal bescheinigt: „Ich kann deine Fresse nicht mehr sehen".[26]

Kriminalpsychologen schildern Ähnliches aus Bemächtigungslagen, wenn sich die Geisel den Forderungen der Erpresser vorbehaltlos und mit großer Vehemenz anschließt. Man muss das verstehen, denn für die Geisel geht es dann nicht mehr um Recht und Unrecht, sondern um das nackte Überleben. Als der Abgeordnete Bosbach völlig zu Recht auch noch verfassungsrechtliche Bedenken vortrug und sich in

25 *Wittrock*, Euro-Retter setzen Papandreou unter Druck, Beitrag auf www.spiegel.de vom 02.11.2011.

26 *Casdorff/Haselberger,* Pöbel-Affäre belastet Kanzleramtschef Pofalla, Beitrag auf www.tagesspiegel.de vom 01.10.2010.

dieser Gewissensfrage auf das Grundgesetz berief, soll Herr Pofalla darum gebeten haben, ihn mit „so einer Scheiße" in Ruhe zu lassen.[27] Die Nerven lagen blank.

Man kann solche Exzesse oder Ausrutscher auf dem Höhepunkt einer Krise kaum aufarbeiten. Allerdings muss das noch geschehen. Und zwar nicht dadurch, dass man sich den Kanzleramtsminister vorknöpft oder ihn feuert, denn Herr Pofalla erachtet unsere Verfassung selbstverständlich nicht als Scheiße. Es war die pure Not, eine innere Panik, die ihn zu solchen Worten verleitete.

Es war so weit gekommen, dass die Wege der unmittelbaren und mittelbaren Legitimation gleichermaßen beschädigt wurden. Das müssen wir aufarbeiten, und es darf sich nicht wiederholen, denn anderenfalls mutiert die EU zu einem Ungetüm, das sich bis auf das schwache EU-Parlament aller demokratischen Legitimationswege entzieht – zu einem Monster, das man ab und zu ruhig stellen und Europas Völkern und deren Willensbildung irgendwie verbergen oder entziehen muss.

Die Mitgliedstaaten der EU und speziell die an der Währungsunion teilnehmenden Staaten sind in dieser Krise tief gefallen. Es ist ein bitteres Fazit, dass wir uns in Europa untereinander und innerstaatlich angesichts dieser Krise den Mund verbieten, uns gegenseitig erpressen, nötigen oder beleidigen. Die Zuspitzung der Krise ist aber nur der Anlass zur Aufgabe demokratischer Werte. Die Gründe dafür liegen im Vorfeld der Krise. Bei der Schaffung des Euros war von Anfang klar, dass die Einhaltung der Defizitkriterien in den Staatshaushalten der EU essentiell für das Gelingen des Projekts war. Das war die Geschäftsgrundlage der Währungsunion. Die Europäischen Verträge und dazu erlassene Gesetze, sogenannte EU-Verordnungen, enthalten die Vorschriften, wie die Einhaltung der Konvergenzkriterien zu überwachen ist.

4. Schlüsselrolle der EU-Kommission im Vorfeld der Krise

Der EU-Kommission kommt in diesem Desaster eine Schlüsselrolle zu. Ihre Aufgabe war und ist es, die Entwicklung der Haushaltsdefizite in den Mitgliedstaaten zu überwachen. Der EU-Vertrag hat in Artikel 126 AEUV hierfür eine klare Aufgabenzuweisung vorgenommen.[28] Dort heißt es:

(1) Die Mitgliedstaaten vermeiden übermäßige öffentliche Defizite.

[27] Vgl. *Casdorff/Haselberger,* Pöbel-Affäre belastet Kanzleramtschef Pofalla, Beitrag auf www.tagesspiegel.de vom 01.10.2010.

[28] Zuvor stand diese Aufgabenzuweisung in Artikel 104 des EU-Vertrages.

(2) Die Kommission überwacht die Entwicklung der Haushaltslage und der Höhe des öffentlichen Schuldenstands in den Mitgliedstaaten im Hinblick auf die Feststellung schwerwiegender Fehler. Insbesondere prüft sie die Einhaltung der Haushaltsdisziplin anhand von zwei Kriterien, nämlich daran,

a) ob das Verhältnis des geplanten oder tatsächlichen öffentlichen Defizits zum Bruttoinlandsprodukt einen bestimmten Referenzwert überschreitet, es sei denn, dass

- *entweder das Verhältnis erheblich und laufend zurückgegangen ist und einen Wert in der Nähe des Referenzwerts erreicht hat*
- *oder der Referenzwert nur ausnahmsweise und vorübergehend überschritten wird und das Verhältnis in der Nähe des Referenzwerts bleibt,*

b) ob das Verhältnis des öffentlichen Schuldenstands zum Bruttoinlandsprodukt einen bestimmten Referenzwert überschreitet, es sei denn, dass das Verhältnis hinreichend rückläufig ist und sich rasch genug dem Referenzwert nähert.

Die Referenzwerte werden in einem diesem Vertrag beigefügten Protokoll über das Verfahren bei einem übermäßigen Defizit im Einzelnen festgelegt.

[...]

Das war und ist geltendes Recht in der höchsten Kategorie, die wir in der EU überhaupt kennen. Es stand und steht in den Europäischen Verträgen. Die EU-Kommission hat diese Aufgabe nicht erfüllt und ist ihrer Verantwortung nicht gerecht geworden.

Man muss es klar sagen: Die Menschen, die diesen Kontrollmechanismen von Anfang an bei der Einführung des Euro misstrauten, lagen völlig richtig. Diejenigen Bürger, die den Mechanismen und der EU-Kommission vertrauten, lagen falsch und wurden bitter enttäuscht. Nachfolgend sollen einige der dafür wesentlichen Umstände zur Sprache kommen.

5. Einzelheiten zum Versagen der EU-Kommission

Unter dem 01.12.2004 legte die EU-Kommission dem EU-Parlament und dem Rat einen Rapport unter der Überschrift „Bericht über die Frage der Rechenschaftspflicht im Zusammenhang mit der Korrektur der griechischen Haushaltsdaten“ vor.

Bereits in den einleitenden Ausführungen dieses Dokuments wird ein düsteres Szenario beschrieben.[29] Die EU-Kommission berichtet, dass die seitens Griechenlands vor und nach dem Beitritt des Landes zum Euro gemeldeten Haushaltsdaten nicht stimmten. Die Schulden des Landes waren nicht nur absolut höher, sondern auch schneller gewachsen. Der Leser stößt auf teilweise so groteske Begründungen, dass man sie am besten wörtlich wiedergibt. Am Ende der ersten Textseite wird das höhere Defizit in den Jahren 1997 bis 1999 u. a. wie folgt begründet:

> *Was die Staatskonten für die Jahre 1997, 1998 und 1999 angeht, so ergeben sich die Abweichungen von früheren Meldungen im Wesentlichen durch die Erfassung von Militärausgaben sowie die Verbuchung von Kapitalspritzen und EU-Zuschüssen.* [30]

Das ist ein haarsträubender Satz. Militärausgaben sind selbstverständlich als Staatsausgaben zu erfassen. Man fragt sich, ob dieser Punkt vor dem Beitritt Griechenlands zum Euro von der zuständigen EU-Kommission zumindest einer Plausibilitätsprüfung unterzogen wurde.

Jenseits solcher Einzelpunkte beklagt die EU-Kommission in dem Papier über viele Seiten, dass Griechenland die Daten schlecht aufbereitet und Probleme bei ihrer Erfassung habe.

Allerdings lag es offenbar nicht nur an den Griechen. Auf Seite 7 des Dokuments beklagt die EU-Kommission zunächst, dass man nicht genug Kompetenzen gegenüber den Mitgliedstaaten und sowieso bei der für die Datenauswertung zuständigen Behörde Eurostat zu wenig Personal habe. Dem schließt sich folgender Absatz an:

> *Eurostat verkannte die Notwendigkeit, die Probleme unverzüglich auf die richtige öffentliche Ebene zu bringen, anstatt sie in einer geschlossenen Runde von Statistikern (die wiederum nicht genügend für die Diskussion auf politischer Ebene sensibilisiert waren) zu erörtern. Verkannt wurde auch, dass Prioritäten gesetzt und die Aktivitäten auf den Kernbereich konzentriert werden mussten. Rückblickend liegt auf der Hand, dass die Kommission dem Wirtschafts- und Finanzausschuss sowie dem ECOFIN-Rat früher und nachdrücklicher über die aufgetretenen Probleme hätte berichten müssen. So hätte Eurostat insbesondere im März 2000, als die Defizitdaten für 1999 bestätigt wurden, bereits auf mögliche Probleme bei der Übereinstimmung mit dem ESVG 95 hinweisen können. Es hätte auch eine tiefergehende, systematischere Analyse der Kohärenz und Konsistenz der Daten anstellen sollen. Die Konvergenzberichte 2000 der Kommission und*

29 *EU-Kommission,* „Bericht über die Frage der Rechenschaftspflicht im Zusammenhang mit der Korrektur der griechischen Haushaltsdaten", 3 f.

30 *EU-Kommission,* „Bericht über die Frage der Rechenschaftspflicht im Zusammenhang mit der Korrektur der griechischen Haushaltsdaten", 3.

der EZB hätten diesbezügliche Fragen aufwerfen können (die seinerzeit verfügbaren Daten wiesen für 1999 ein Defizit von 1,6 % des BIP aus).[31]

Zwischen den Zeilen steht dort, dass die EU-Behörde Eurostat Ungereimtheiten unter dem Deckel gehalten hat. Offenbar fühlte sich die EU-Kommission schlecht informiert, was allerdings in gewisser Weise befremdet. Wenn sich die EU-Kommission über die EU-Behörde Eurostat beklagt und moniert, dort habe man es versäumt, *„die Probleme unverzüglich auf die richtige öffentliche Ebene zu bringen, anstatt sie in einer geschlossenen Runde von Statistikern (...) zu erörtern*“, dann folgt daraus zwanglos die Gegenfrage, wer eigentlich dafür verantwortlich ist, dass es an dieser wichtigen Stelle zu einem solchen Versagen überhaupt kommen konnte. Das ist nämlich die EU-Kommission selbst. Es ist einfach peinlich, wie die EU-Kommission versuchte, die Verantwortung in dieser äußerst wichtigen Frage von sich weg und Versäumnisse irgendwelchen Statistikern in die Schuhe zu schieben. Der Begriff des Fremdschämens passt wohl am besten.

Unter dem Strich steht in dem Bericht aus dem Jahr 2004, dass schlampig geprüft wurde. Selbst wenn es so war, dass die Probleme in *„einer geschlossenen Runde von Statistikern“* erörtert und verkannt wurden, dann geht das auf eine schlechte Organisation seitens der EU-Kommission zurück. Die politische Verantwortung dafür trägt die EU-Kommission und keine geschlossene *„Runde von Statistikern“*.

Mit dem Papier der EU-Kommission aus dem Jahr 2004 wurde schließlich nicht über irgendeinen Zeitraum berichtet. Es ging gerade auch um die Daten im Vorfeld des Beitritts (!) Griechenlands zum Euro. Hier hätte sehr genau geprüft werden müssen, ob anhand der gemeldeten Daten die Überwachung des Defizits überhaupt möglich war. An dieser Nahtstelle war es die Pflicht der EU-Kommission, sich Gewissheit darüber zu verschaffen, ob sie die ihr nach den Europäischen Verträgen explizit zugewiesenen Aufgabe der Überwachung der Entwicklung der Haushaltslage und der Höhe des öffentlichen Schuldenstands im Fall Griechenlands überhaupt nachkommen konnte.

Insbesondere hatte die EU-Kommission als Garant für eine transparente und ordnungsgemäße Berichterstattung über die Haushaltsdefizite nunmehr allen Anlass dafür zu sorgen, dass entweder die Haushaltsdaten stimmten oder sie hätte sagen und öffentlich machen müssen, dass sie eben nicht stimmten. Soweit sie sich zu dieser Einschätzung nicht in der Lage sah, hätte sie klipp und klar gegenüber einer breiten Öffentlichkeit darauf hinweisen müssen, dass es aufgrund fehlender Kontrollmechanismen nicht möglich war, eine Einhaltung der Defizitkriterien zu gewährleisten. Der Fall Griechenlands wäre Illustration und Warnung zugleich gewesen.

31 *EU-Kommission,* „Bericht über die Frage der Rechenschaftspflicht im Zusammenhang mit der Korrektur der griechischen Haushaltsdaten“, 7.

Indes versprach die EU-Kommission zu dieser Zeit auch, Taten folgen zu lassen. Auf Seite 8 des Dokuments kündigt die Behörde mit einer für die EU-Kommission typischen Floskel „Maßnahmen im Falle Griechenlands“ an. Das liest sich dann so:

> *Die Kommission leitet ein Vertragsverletzungsverfahren gegen Griechenland ein, da es die griechischen Behörden wiederholt versäumt haben, (...) statistische Daten an die Kommission zu übermitteln. Nach Auffassung der Kommission hat dieser Sachverhalt fortdauernde Systemprobleme bei den einschlägigen Stellen aufgezeigt.*[32]

Es schien so, als ob die EU-Kommission ihre in den EU-Verträgen festgeschriebene Verantwortung ernsthaft wahrnehmen wollte. Geht man den Einzelheiten dieses Defizitverfahrens nach, dann stößt man auf eine Pressemitteilung der EU-Kommission aus dem Frühjahr des Jahres 2007. Die Mitteilung wurde unter dem Zeichen „IP/07/672“ am 16.05.2007 bekannt gemacht. Dem Leser werden Zahlen präsentiert, die auf eine märchenhafte Gesundung der griechischen Staatsfinanzen schließen lassen. Dort heißt es:

> *Die Kommission hat heute die Einstellung des Verfahrens gegen Griechenland durch den ECOFIN-Rat empfohlen, da ihrer Auffassung nach das übermäßige Defizit glaubwürdig und nachhaltig korrigiert wurde. [...]*
>
> *Das gesamtstaatliche Defizit wurde von 5,5 % des BIP im Jahr 2005 auf 2,6 % des BIP im Jahr 2006 zurückgeführt. Die strukturelle Anpassung, also die Verbesserung des konjunkturbereinigten Saldos ohne Anrechnung einmaliger und sonstiger befristeter Maßnahmen, belief sich zwischen 2004 und 2006 auf 4½ Prozentpunkte des BIP. Nach der Frühjahrsprognose der Kommission dürfte sich das Gesamtdefizit im Jahr 2007 auf 2,4 % des BIP verringern (wobei einmalige Maßnahmen in der Größenordnung von 0,5 % des BIP noch eingerechnet sind) und bei unveränderter Politik im Jahr 2008 geringfügig auf 2,7% des BIP ansteigen, jedoch ohne weiteren Rückgriff auf einmalige Maßnahmen. Dies lässt darauf schließen, dass das Defizit glaubwürdig und nachhaltig unter den gemäß Vertrag vorgesehenen Referenzwert zurückgeführt wurde.*[33]

Wir wissen heute, was von diesen Angaben zu halten ist. Die Einstellung des Defizitverfahrens im Jahr 2007 war falsch und in ihren Wirkungen katastrophal. Nun ist zu hoffen und zu vermuten, dass die EU-Kommission zu dieser Zeit nicht wider besseres Wissen gehandelt hat. Bei genauer Lektüre des Dokuments stoßen wir auf folgende Aussage:

32 *EU-Kommission,* „Bericht über die Frage der Rechenschaftspflicht im Zusammenhang mit der Korrektur der griechischen Haushaltsdaten“, 8.

33 *EU-Kommission,* Kommission empfiehlt Einstellung des Defizitverfahrens gegen Deutschland, Griechenland und Malta, 2.

> *Die griechischen Statistikbehörden haben ihre Verfahren optimiert, was insgesamt zu einer höheren Datenqualität geführt hat. Die Kommission (Eurostat) hat daraufhin ihre Vorbehalte bezüglich der Qualität der übermittelten Daten zurückgezogen.*[34]

Diese Sätze zerstreuen alle Zweifel hinsichtlich der griechischen Haushaltsdaten. Die europäische Öffentlichkeit wurde beschwichtigt. Die Botschaft des Textes lautet, dass die Defizitzahlen nicht nur deutlich geringer ausfielen, sondern endlich auch auf zuverlässigen Angaben beruhen.

So ganz geheuer scheint der EU-Kommission der ganze Vorgang aber nicht gewesen sein. In dem gesamten Dokument findet sich nämlich nur eine einzige Fußnote, die ausgerechnet an diesen Satz angehängt ist. Es geht also um die „*Qualität der übermittelten Daten*". In der Fußnote findet sich nun folgende Anmerkung:

> *Eurostat prüft derzeit eine umfassende Revision von Griechenlands BIP. Alle in der Entscheidung genannten Zahlen zu Defizit und Schuldenstand basieren auf den unrevidierten BIP-Zahlen.*[35]

Das muss man nun schon zweimal lesen, denn man traut seinen Augen kaum. Offenbar hatte sich die EU-Kommission hinsichtlich des griechischen Bruttoinlandsprodukts (BIP) wieder einmal auf ungeprüfte Zahlen verlassen. Die *Runde von Statistikern* war offenbar noch bei der Arbeit.

Warum dann aber das Verfahren überhaupt eingestellt wurde, ist nicht nachvollziehbar. Durch dieses voreilige Handeln verlief das Defizitverfahren letztlich im Sande. Die aus historischer Sicht letzte Chance, die Dinge unter Kontrolle zu behalten und vielleicht zum Guten zu wenden, wurde leichtfertig verspielt. Die EU holte das Thema natürlich ein, denn die Schuldenuhr lief weiter. Insolvenzverschleppung nennt man das in der Wirtschaft. Sie gilt als gefährlich und wird bestraft, weil nicht nur der Schuldenberg immer weiter wächst, sondern weil man andere mit in den Sumpf zieht. So kam es auch hier.

Unter dem 8. Januar 2010 veröffentlichte die EU-Kommission auf eine Anfrage des Rates aus dem November 2009 einen „Bericht zu den Statistiken Griechenlands über das öffentliche Defizit und den öffentlichen Schuldenstand". In diesem Dokument erfährt der Leser beiläufig, dass auch für die Jahre 2005 bis 2007 Unregelmäßigkeiten festgestellt wurden.[36] Eurostat habe ferner zwischen den Jahren 2005 und 2009

34 *EU-Kommission,* Kommission empfiehlt Einstellung des Defizitverfahrens gegen Deutschland, Griechenland und Malta, 3.

35 *EU-Kommission,* Kommission empfiehlt Einstellung des Defizitverfahrens gegen Deutschland, Griechenland und Malta, 3 Fn. 1.

36 *EU-Kommission,* Bericht zu den Statistiken Griechenlands über das öffentliche Defizit und den öffentlichen Schuldenstand, 3 ff.

hinsichtlich der Defizit- und Schuldenstandsdaten wiederholt Vorbehalte gegen die griechischen Daten angemeldet.[37]

Das alles ist ungereimt und in sich widersprüchlich, denn bei der Entscheidung über die Einstellung des Defizitverfahrens im Jahre 2007 hieß es doch noch, dass die griechischen Behörden ihre Verfahren optimiert hätten, was insgesamt zu einer höheren Datenqualität geführt habe.

Wie fragwürdig die Entscheidung der EU-Kommission im Jahr 2007 war, zeigt eine Posse am Rande. Während des Defizitverfahrens wurde deutlich, was Griechenland unter einer Optimierung der Haushaltsdaten verstand. Im September des Jahres 2006 meldeten Medien, der damalige Finanzminister Giorgos Alogoskoufis habe erklärt, dass man sich in den letzten Jahren verrechnet habe.[38] Das griechische BIP sei in Wahrheit satte 20 bis 25 Prozent höher gewesen.

Also alles bestens? Großartig, denkt der unbefangene Leser einer solchen Schlagzeile, denn das war eine geradezu traumhafte Entwicklung. Rund ein Viertel konnte man danach das BIP hochrechnen, dann war das mit den Staatsschulden Griechenlands längst nicht so dramatisch.

Wer sich den Details dieser wundersamen Entwicklung zuwandte, wurde von der alten Tristesse eingeholt. Es klingt grotesk, aber man hatte in Athen u. a. die Bereiche des Zigarettenschmuggels, der Geldwäsche und des illegalen Glücksspiels der Wirtschaftsleistung zugeschlagen.[39] Das ist bei solchen Statistiken in einem gewissen Maß sogar möglich,[40] aber eine vollständige Berücksichtigung dessen und in diesem Umfang war bis dahin neu. Vor allem ist es abwegig, florierende Schwarzmärkte als Argument anzuführen, wenn es darum geht, die Gefahr von Haushaltsdefiziten zu bannen. Es liegt nun einmal im Wesen des Schmuggels, dass Steuern und Zölle hinterzogen werden und dem Staat gerade nicht zur Verfügung stehen. Es ist abenteuerlich, den zoll- und steuerfreien Zigarettenschmuggel überhaupt berücksichtigen zu wollen, wenn es darum geht, auf die Einhaltung der Konvergenzkriterien der Europäischen Verträge zu achten.

Fraglich ist, was die EU-Kommission im Lichte solcher Possen geritten hat, im Jahr 2007 den griechischen Angaben mit Aussagen wie „*Statistikbehörden haben ihre*

37 *EU-Kommission,* Bericht zu den Statistiken Griechenlands über das öffentliche Defizit und den öffentlichen Schuldenstand, 6.

38 FAZ vom 31.10.2006, 25

39 FAZ vom 31.10.2006, 25.

40 Siehe die Verordnung (EG) Nr. 2223/96 des Rates vom 25. Juni 1996 zum Europäischen System Volkswirtschaftlicher Gesamtrechnungen auf nationaler und regionaler Ebene in der Europäischen Gemeinschaft, abrufbar im Internet: <http://www.bundesbank.de/download/meldewesen/bankenstatistik/kundensystematik/esvg_95_deutsch.pdf> (Stand: 17.09.2012)

Verfahren optimiert"[41] oder *„Vorbehalte bezüglich der Qualität der übermittelten Daten zurückgezogen"*[42] den Anschein der Verlässlichkeit und Richtigkeit zu geben. Man könnte zu diesen Vorgängen noch weitere Fragen aufwerfen, aber das ist nicht mehr erforderlich, denn das Versagen der EU-Kommission in dieser Frage ist hinreichend belegt.

Ein Problem bestand gewiss darin, dass der Zugriff der EU-Kommission auf die Daten einzelner Staaten nur begrenzt möglich und man letztlich auf deren Zuarbeit angewiesen war. Das mag so sein. Allerdings ist es dann unverantwortlich, ein Defizitverfahren mit beruhigenden Worten abzuschließen. Die besagte Fußnote hat in diesem Zusammenhang offenbar eine absichernde Funktion, wirkt im Nachhinein aber auch verräterisch wie ein Hinweis im Kleingedruckten, auf das man sich berufen und Europas Bürgern vor die Nase halten könnte, falls sich jemand beschweren sollte. Hier, da steht es doch! Das funktioniert aber nicht. Der EU-Vertrag dokumentiert die Pflichten der EU-Kommission eindeutig und ist nicht Teil eines windigen Geschäfts zwischen Tür und Angel.

Es mag auch sein, dass die Einstellung des Defizitverfahrens im Jahre 2007 im Machtpoker der Regierungen politisch gewollt war. Dadurch wird aber nichts besser, sondern der Vertrauensverlust verstärkt sich nochmals, weil dann die EU insgesamt als unkalkulierbares Risiko erscheint. Dem politischen Wohlgefallen einzelner Mitgliedstaaten vorauseilende Entscheidungen waren an dieser Stelle unvertretbar. Einer Einflussnahme musste sich die EU-Kommission angesichts der ihr durch das europäische Vertragswerk dezidiert zugewiesenen Kontrollfunktion klipp und klar widersetzen.

Gewiss stand die EU-Kommission bei alldem vor einer schwierigen und auch undankbaren Aufgabe. Die Europäischen Verträge und das dazu erlassene Recht hatten der EU-Kommission bei der Überprüfung der Haushaltsdaten Grenzen gesetzt und die endgültige Entscheidung über den Abschluss eines Defizitverfahrens in die Hände des Rats für Wirtschaft und Finanzen[43] gelegt, der sich aus den Wirtschafts- und Finanzministern der Mitgliedstaaten zusammensetzt, die dann letztlich wieder das Sagen hatten. Das ist ein Fehler im System, weil man in einem weiteren Sinne in eigener Sache entscheidet. Schließlich hatten auch einige andere Mitgliedstaaten die Defizitkriterien bereits verletzt. Wer es mit der Enthaltung der Kriterien selbst nicht so genau nimmt, wird das anderen auch nicht vorwerfen. Das Versagen bei der Einhaltung der Defizitkriterien ist also auch Sache der Mitgliedstaaten.

[41] *EU-Kommission,* Kommission empfiehlt Einstellung des Defizitverfahrens gegen Deutschland, Griechenland und Malta, 3.

[42] *EU-Kommission,* Kommission empfiehlt Einstellung des Defizitverfahrens gegen Deutschland, Griechenland und Malta, 3.

[43] Dieser Rat wird auch als „Ecofin-Rat" bezeichnet.

Gleichwohl hätte es im Falle Griechenlands eben mehr als einer absichernden Fußnote und einem Hinweis auf eine schlecht arbeitende *„Runde von Statistikern"* bedurft. Die EU-Kommission hätte die fehlenden Kontrollmechanismen so öffentlich machen müssen, dass den Menschen in Europa klar geworden wäre, dass ihre Währung als gefährdet erscheint. Zwar konnte Anfang des Jahres 2007 noch niemand wissen, wie schwer die Verwerfungen in den folgenden Jahren werden würden. Das entlastet die EU-Kommission aber nicht, denn die Funktion der Stabilitätskriterien bestand gerade darin, Vorsorge zu treffen, um auch gegen Krisen gewappnet zu sein.

Der EU-Kommission war auch bekannt, dass EU-Rechtsakte in diesem Zusammenhang heikle Regelungen enthielten und europaweit verbreitet hatten. Es handelte sich um die bereits angesprochnen Regeln, nach denen Staatsanleihen von EU-Mitgliedstaaten gleichsam als krisenfestes Eigenkapital galten – als Eingemachtes, von dem man im Notfall zehren kann. EU-Regelungen gingen wie selbstverständlich davon aus, dass Staatsanleihen frei von Risiken sind.[44]

Auch deshalb war die Insolvenzverschleppung im Fall Griechenlands höchst riskant. Europa rutschte in eine doppelte Schuldenfalle. Doppelt deshalb, weil nicht nur die Schuldenberge der Mitgliedstaaten wuchsen, sondern europäische Banken die Anleihen der EU-Staaten regelrecht aufgesogen hatten. Die damit verbundene Gefahr, den Banken ein vermeintlich sicheres Standbein wegzuziehen, wurde von Tag zu Tag größer.

Das Gebaren der EU-Kommission erinnert auf eine schon irritierende Weise an das Verhalten der Rating-Agenturen im Vorfeld der systemischen Finanzkrise. Hier wie da wurden zweifelhafte Angaben leichtfertig mit einem Gütesiegel versehen und damit letztlich Vertrauen enttäuscht.

Der Vorgang ist nicht nur ökonomisch, sondern auch politisch ernst. Denn die Einführung des Euro war in den Mitgliedstaaten bekanntlich nicht unumstritten. Nicht alle Bürger Europas durften wie die Dänen oder Schweden abstimmen. Die Menschen haben der neuen Währung und den Institutionen, die für die Einhaltung der Konvergenzkriterien zu sorgen hatten, vertraut, vertrauen müssen oder sich letztlich damit abgefunden. Die in den EU-Verträgen klare Aufgabenzuweisung, nach der die EU-Kommission die *„Entwicklung der Haushaltslage und der Höhe des öffentlichen Schuldenstands in den Mitgliedstaaten"* (Artikel 126 AEUV) überwacht, wurde verletzt. Freilich war für die Einstellung des Verfahrens gegen Griechenland mit dem Rat der Wirtschafts- und Finanzminister (Ecofin-Rat) wiederum formal eine Einrichtung des Rates der Europäischen Union zuständig. Jedoch lautete die Empfehlung der für die Kontrolle der Defizite zuständigen EU-Kommission, das Defizitverfahren einzustellen. Auf dieses Siegel kam es an.

44 Vgl. *Edinger,* Ackermann: Staatsanleihen sind nicht mehr risikofrei. Beitrag auf www.dowjones.de vom 14.11.2011; *Müller,* Staatsanleihen: Erlaubter Schwindel, Beitrag auf www.handelszeitung.ch vom 21.11.2011.

Das ist ein schwerer Vertrauensbruch, weil auch in den Staaten, die jenseits einer Volksabstimmung über den Beitritt zum Euro parlamentarisch abgestimmt haben, die zitierte Klausel Gegenstand der Abstimmung war. Das gilt auch für die Abstimmung im Deutschen Bundestag. Das Votum für den Euro hatte ganz entscheidend mit einer Kontrolle der Haushaltsdefizite zu tun. Mit diesem Vertrauen sind die EU-Kommission und offenbar auch einige Regierungen der Mitgliedstaaten zumindest fahrlässig umgegangen.

Die vielen kleinen Lügen Griechenlands und der fragwürdige Umgang damit haben eine Insolvenzverschleppung gigantischen Ausmaßes bewirkt, die sich bitter gerächt hat, weil sich am Ende alles mit der auslaufenden Finanzkrise verzahnte, um dann erst richtig an Fahrt zu gewinnen. Durch eine massive Verletzung der Europäischen Verträge wurde Europa innerhalb kurzer Zeit ein zweites Mal an den Rand eines gähnend tiefen Abgrunds geführt.

Die eigentlich bittere Erkenntnis besteht darin, dass sich die EU-Kommission bei der Entstehung der Eurokrise und den Versuchen, sie in den Griff zu bekommen, an keiner Stelle zum Anwalt aller Bürger Europas gemacht hat. Sie wirkt parteiisch. Freilich muss und wird eine EU-Kommission den Prozess der europäischen Integration immer fördern. Sie ist aber auch die Kommission für diejenigen Menschen in Europa, die dem Euro kritisch gegenüber standen und stehen. Auch ihnen gegenüber steht die EU-Kommission in der Pflicht und ist dem objektiven Recht verpflichtet. Man bezeichnet die EU-Kommission daher auch als die „Hüterin der Verträge".[45] Diese Bezeichnung hat die EU-Kommission allenfalls noch auf dem Papier, aber nicht mehr in der Sache verdient.

Vom Ausbruch der Staatsschuldenkrise an wirkte die EU-Kommission überfordert. Die Mitgliedstaaten haben das frühzeitig erkannt, und deshalb spielte die EU-Kommission bei dem Management der Krise völlig zu Recht nur eine Statistenrolle. Aber selbst diese Rolle hat sie nur schlecht ausgefüllt. Insbesondere bei der Diskussion der verschiedenen Möglichkeiten zur Bewältigung der Eurokrise wäre es hilfreich gewesen, wenn die EU-Kommission klarer formuliert hätte, welche Maßnahmen mit dem geltenden Recht auf der Grundlage der Europäischen Verträge vereinbar sind und welche nicht und was für den zweiten Fall notwendig ist, um eine Vereinbarkeit herzustellen. Alles andere schürt weitere Vorbehalte gegen Europa. Auf eine derart besonnene und im guten Sinne selbstkritische Haltung der EU-Kommission haben viele politisch interessierte und insbesondere junge Menschen gehofft. Sie wurden enttäuscht und mussten den Eindruck einer einseitigen Politik gewinnen. Das gilt übrigens auch für viele Verfechter der europäischen Idee. Auch das ist Teil und Ergebnis einer trostlosen EU-Politik.

45 *Herdegen,* Europarecht, § 7 Rn. 53.

Viertes Kapitel

Stärkeres Europa durch weitere Angleichung?

Es gibt Stimmen, nach denen die EU zur Bewältigung der Staatsschuldenkrise nun erst recht „gestärkt" werden müsste. Das ist in gewisser Weise richtig, fraglich ist aber, was man unter „Stärkung" versteht. Eine stärkere Zusammenarbeit der Mitgliedstaaten zwecks Rettung der gemeinsamen Währung ist wünschenswert, allerdings sollte diese Zusammenarbeit nicht als EU-Politik in dem Sinne begriffen werden, dass man sich des EU-Rechts bedient oder Entscheidungen in die Hände von EU-Organen legt.

Diese Erkenntnis folgt keineswegs nur aus den zweifelhaften Vorgängen im Zusammenhang mit der Überwachung der Haushaltsdefizite. Die Politik der EU-Kommission auf dem Gebiet der Finanzmärkte bietet schon seit vielen Jahren ein trauriges Bild und hat sogar dazu beigetragen, dass gerade Europa von keiner Finanzkrise verschont blieb.

1. Systemgefährdende Angleichung des Bankensystems

Die EU-Politik auf dem Gebiet des Bank- und Kapitalmarktrechts ist viel zu stark von dem Gedanken der Rechtsangleichung geprägt. Die an sich gute Idee eines EU-Binnenmarkts mit einem reibungslosen Dienstleistungs- und Warenverkehr war dafür ein wesentliches Motiv. Man läuft aber längst Gefahr, die Schraube zu überdrehen. Die Gleichheit der Wettbewerbsbedingungen wird als Ideal verstanden, ohne dabei zu erkennen, dass auch Vielfalt ein Gewinn sein und Volkswirtschaften stabilisieren kann.

Man hat sich viel zu sehr einer ins Detail gehenden Rechtsangleichung verschrieben, die große Gefahren birgt. In einer zu weit reichenden Angleichung des Rechts zahlreicher Mitgliedstaaten lauert immer die Gefahr, sämtliche Volkswirtschaften mit identischen Schwachstellen zu versehen. Ein Regulierungsfehler infiziert das gesamte System. Auf dem Gebiet des Bank- und Kapitalmarktrechts ist das gefährlich.

Trotz aller Angleichung, Regulierung und Deregulierung in der EU wurde gerade Europa von den schweren Finanzkrisen getroffen. Bei genauem Hinsehen traf es die Staaten am stärksten, die alle Stadien der EU-Regulierung durchlaufen haben. Wer am Euro teilnimmt, sitzt in der Falle. Europäische Staaten, die ihr Finanzsystem im guten Sinne selbstbewusst gestaltet haben, kamen dagegen glimpflich davon.

Nochmals sei daran erinnert, dass insbesondere die schnelle Abfolge schwerer Krisen zu größter Sorge Anlass gibt. Es ist eine Tatsache, dass sich in den Jahren 2001 bis 2003 unter der Geltung des EU-Rechts die Dotcom-Krise abspielte. Nichts anderes gilt für die schwere Finanzkrise der Jahre 2007 bis 2009, die von der ebenfalls katastrophalen Staatschulden- und Eurokrise abgelöst wurde. Das Gegenargument der globalen Krisen trägt nicht. Daran ist richtig, dass EU-Regeln allein aufgrund ihres begrenzten Geltungskreises für Staaten außerhalb der EU und in Übersee nicht verbindlich sind. Indes zeigen eben die Beispiele Brasiliens oder Kanadas, dass es anderen Volkswirtschaften sehr wohl gelungen ist, sogar gegen weltweite Krisen Resistenzen zu entwickeln. Kanada konnte die Krise der Jahre 2007 bis 2009 vergleichweise gut abfedern. Das ist schon deshalb bemerkenswert, weil dieses Land an die USA grenzt und ein Überspringen der Krise sehr nahe lag.

Wir müssen den EU-Binnenmarkt nicht weiter im Detail angleichen, nur weil gleiche Wettbewerbsbedingungen als diffuser Selbstzweck begriffen werden. Entscheidend ist, dass sich einzelne Märkte in Europa nicht abschotten dürfen, also die Konkurrenten aus einem anderen Mitgliedstaat grundsätzlich am Wettbewerb teilnehmen können. Diese Freiheit muss Europa verbürgen, jedoch bei Eingriffen in vorhandene Strukturen große Vorsicht üben. Es besteht nämlich die Gefahr, gewachsene und kraft ihrer Vielfalt stabilisierende Strukturen aufzuheben. Wie groß diese Gefahr war und ist, zeigt ein Blick auf merkwürdig anmutende Angleichungsvorhaben der EU-Kommission, die mitunter sogar etwas Unheimliches haben.

Die Geschichte dieses Strebens nach gleichen Wettbewerbsbedingungen hat zu seltsamen Aktivitäten der EU-Kommission geführt, von denen einige aufgrund ihrer Bezüge zum Finanzmarkt erwähnt werden sollen. Wer sich schon länger mit dem Bank- und Kapitalmarktrecht beschäftigt, kennt das schon ein über Jahrzehnt währende Gezerre um die Vielfalt des deutschen Bankensystems. Insbesondere die deutschen Sparkassen und Genossenschaftsbanken waren der EU-Kommission ein Dorn im Auge.

In Deutschland gab es über viele Jahrzehnte eine sogenannte Gewährträgerhaftung für Sparkassen. Hintergrund war eine Haftung der Kommunen als Träger und Eigentümer der Sparkassen, wenn eine Sparkasse ihren Verbindlichkeiten nicht mehr nachkommen konnte. Das gefiel der EU-Kommission aus Wettbewerbsgründen nicht, weil dieser Schutzschirm der öffentlichen Hand für gewisse Wettbewerbsvorteile der Sparkassen sorgte. Die Absicherung der Spareinlagen durch Kommunen machte die Sparkassen für Sparer attraktiv und sorgte im Wettbewerb unter Banken für günstige Refinanzierungsmöglichkeiten. Das missfiel der EU-Kommission, und sie verlangte die Abschaffung der Gewährträgerhaftung. Deutschland weigerte sich jedoch, weshalb die EU-Kommission einen Prozess anzettelte und Deutschland vor dem Europäischen Gerichtshof verklagte. Man einigte sich später, und die Gewährträgerhaftung lief über einen mehrjährigen Zeitraum aus. An ihre Stelle ist ein Haftungsverbund der Sparkassen getreten.[46]

Man kann sich rechtlich darüber streiten, ob die Garantie der Kommunen für ihre Institute letztlich mit dem EU-Wettbewerbsrecht kollidierte. Sicher ist das keineswegs.[47] Die Geschichte würzt diese Gefechte der EU-Kommission im Nachhinein mit einem kräftigen Schuss Ironie. Heute sind wir so weit, dass die öffentliche Hand allenthalben Rettungsschirme aufspannt. Ohne staatliche Hilfen wäre der Finanzmarkt längst am Ende.

Zugespitzt und mit einer gehörigen Portion Sarkasmus könnte man sagen, dass die Gewährträgerhaftung durch die Hintertür zum EU-Standard werden könnte. Es ist aber zu befürchten, dass Ironie und Pointe dieser Entwicklung die EU-Kommission bis heute nicht erreicht haben. Das wäre nicht weiter schlimm, weil man Humor nicht teilen muss. Zu befürchten ist allerdings, dass der EU-Kommission auch weiterhin verborgen bleibt, dass eine gleichförmige Gestaltung der Bankenlandschaft gewaltige Risiken birgt.

Als nächstes nahm sich die EU-Kommission den Begriff „Sparkasse“ vor. Der EU-Kommission gefiel es aus wettbewerbspolitischen Gründen nicht, dass sich nach dem deutschen Kreditwesengesetz grundsätzlich nur solche Kreditinstitute als Sparkasse bezeichnen dürfen, die in öffentlich-rechtlichem Eigentum stehen. Genau das assoziierte auch der Bürger, wenngleich es in Einzelfällen (Privatisierung) Ausnahmen gab. Ohne die juristischen Details zu kennen, grenzten die Menschen Sparkassen gedanklich von den Privatbanken ab und lagen damit auch völlig richtig. Ziel der EU-Kommission war es, dass sich auch rein private Institute als Sparkasse bezeichnen dürfen. Dieses Vorhaben hat schon etwas Unheimliches. Es war letztlich nicht erfolgreich, was auch an der Finanzkrise gelegen haben dürfte, in der sich die Vielfalt der deutschen Bankenlandschaft als Segen herausstellte.

Als unheimlich erscheint dieses Vorhaben der EU-Kommission deshalb, weil die EU-Kommission mit einer dogmatisch verbohrten Prinzipienreiterei den Menschen schadet. Man fragt sich, was die EU-Kommission motiviert hat, dass sie allen Ernstes erwägen konnte, einen in der Bevölkerung fest verankerten Begriff mit einem Inhalt belegen zu wollen, den ihm der Bürger nicht beimisst. Millionen Deutsche wären an einem Punkt, an dem es immerhin um die Absicherung von Spareinlagen ging, einem kollektiven Irrtum erlegen. Auch wenn es die Gewährträgerhaftung bei Sparkassen aufgrund der verfehlten EU-Politik in klassischer Form nicht mehr gibt, existiert heute immerhin ein starker Haftungsverbund der Sparkassen untereinander.

46 Zum Ganzen *EU-Kommission,* Deutschland will Vereinbarung mit der Kommission über staatliche Garantien für Landesbanken umsetzen, 1 ff.

47 Die Argumente des Deutschen Sparkassen- und Giroverbandes kann man nachlesen unter *Deutscher Sparkassen- und Giroverband,* Wettbewerbs-Vorwürfe der privaten Banken sind nicht haltbar, Beitrag auf www.handlesblatt.de vom 27.07.2000.

Die EU-Kommission sollte auch einmal darüber nachdenken, ob es Bürger geben könnte, denen es genau auf diesen Haftungsverbund ankommt oder die ihr Geld eben einem Kreditinstitut anvertrauen möchten, das sich vorwiegend in ihrer Stadt oder Region wirtschaftlich betätigt und auch sozial engagiert. Die Menschen wären irregeführt worden. Wenn eine EU-Institution solche Zustände beharrlich anstrebt, dann wendet sie sich gegen die Interessen der Bevölkerung in den Mitgliedstaaten und muss in ihrer Macht beschnitten werden.

An wieder anderer Stelle witterte die EU-Kommission Wettbewerbsverzerrungen durch die Sparkassen und die Genossenschaftsbanken. Nun kann es eigentlich niemanden überraschen, dass etwa die Sparkasse Hannover in Hannover und Umgebung eine starke Wettbewerbsposition hat.[48] Die jeweilige Zusammenarbeit beider Institutsgruppen soll nach einer Anfang 2007 durch die EU-Kommission verbreiteten Behauptung jedoch den Wettbewerb behindern.[49] Wer den Wettbewerb deutscher Banken kennt, sah darin von Anfang an eine eher krude These, von der auch nicht mehr viel zu hören ist. Das ist auch besser so, denn es hat sich mehr als bewährt, dass es in den Krisenjahren neben den Privatbanken auch diese Institutsgruppen mit ihren Sicherungssystemen und Beschränkungen ihrer Geschäftstätigkeit gab. Wenn sich im Wettbewerb vor Ort tatsächlich Verzerrungen einstellen sollten, genügt das Eingreifen der nationalen Kartell- oder Aufsichtsbehörden völlig.

Hinter dieser Politik der EU-Kommission verbirgt sich das Dogma der Kapitalverkehrs- und Niederlassungsfreiheit. Das war und ist an sich eine gute Idee, die sich indes von selbst totlaufen könnte, wenn die EU-Kommission weiterhin über das Ziel hinaus schießt. Das von der Kommission immer wieder angezettelte Gezerre um die Sparkassen ist ein gutes Beispiel dafür. Das Drei-Säulen-Prinzip der deutschen Bankenlandschaft mit den Privatbanken, den Sparkassen und den Genossenschaftsbanken passt nicht in das Weltbild der EU-Kommission.

Im Juni des Jahres 2009 führte die zu dieser Zeit zuständige EU-Kommissarin Kroes ein Interview mit der Süddeutschen Zeitung. Auf die Frage, ob das deutsche Bankensystem veraltet sei, fällt doch tatsächlich die folgende Antwort:

> *Das deutsche Dreisäulenmodell – also Privatbanken, Genossenschaftsbanken und Sparkassen – ist überholt. Es entspricht überhaupt nicht der Rolle, die die deutsche Wirtschaft spielt und spielen soll. Europa braucht dringend ein Deutschland, das wieder in guter Form ist.*[50]

48 Das Beispiel der Sparkasse Ulm mit ihrer Geschäftstätigkeit in Ulm, um Ulm und um Ulm herum sei nur eine Fußnote wert.

49 *Scheerer,* EU-Kommission droht Sparkassen, Beitrag auf www.handelsblatt.com vom 30.01.2007.

50 *Gammelin/Winter,* „Das deutsche Bankensystem ist überholt“, Beitrag auf www.sueddeutsche.de vom 03.06.2009.

Nun ja, wer in Europa in guter Form war und wer nicht, das konnte man schon im Verlauf der Krise sehen. Man glaubt es kaum, aber diese Worte einer EU-Kommissarin stammen aus dem Juni des Jahres 2009 (!), als die systemische Finanzkrise in Deutschland zumindest vorübergehend unter Kontrolle war und sich das Dreisäulenmodell dem Grunde nach mehr als bewährt hatte. Solche Thesen belegen eindrucksvoll, wie weit sich die EU-Kommission mittlerweile von den Problemen entfernt hat. Gerade das Vertrauen in Sparkassen und Volksbanken hatte dazu beigetragen, dass der befürchtete Banken-Run[51] ausgeblieben war. Die regionale Geschäftsausrichtung dieser Kreditinstitute hatte sich als stabilisierender Faktor erwiesen. Die Vielfalt der deutschen Bankenlandschaft mit drei starken Säulen bedeutet einen Gewinn und keinen Verlust.

Dagegen wird immer wieder angeführt, dass sich auch einige Landesbanken an den internationalen Märkten verhoben hatten. Das ist zutreffend und wurde am Beispiel der Sachsen-LB in diesem Buch auch dargestellt und kritisiert. Spricht das aber wirklich für eine Harmonisierung der Bankenlandschaft im Sinne der EU-Kommission?

Je länger man dieses Argument betrachtet, umso diffuser guckt es zurück, denn die Landesbanken hatten sich gerade nicht im regionalen Geschäft, sondern auf der internationalen Bühne verzettelt.

Die Gefahren internationaler Finanzmärkte sprechen sogar dafür, dass es starke Geschäftskonzepte mit regionaler Ausrichtung, die den Menschen vertraut sind, weiterhin geben sollte, auch wenn einer Bank aus einem anderen EU-Mitgliedstaat der Markteintritt etwas schwerer fällt. Entscheidend ist, dass dieser Markteintritt möglich ist.

Die genannten Beispiele vermitteln eine Ahnung von dem, was die systemische Finanzkrise möglicherweise angerichtet hätte, wenn die Rolle der EU-Kommission noch stärker gewesen wäre. Daraus folgt für die Gegenwart und die Zukunft das Signal, einen weiteren Machtzuwachs der EU-Kommission abzuwenden und das Streben nach einheitlichen Wettbewerbsbedingungen in jedem Einzelfall sehr sorgfältig auf Risiken abzutasten.

Dort, wo sich die EU-Kommission durchgesetzt hat, sieht es oft finster aus. Bleiben wir bei dem Beispiel der Landesbanken und der Gewährträgerhaftung. Dass sich die Landesbanken überhaupt derart wagemutig in das Getümmel internationaler Spekulation stürzten, lag auch daran, dass ihnen die EU-Kommission mit der Gewährträgerhaftung einen wesentlichen Stützpfeiler ihrer Geschäftstätigkeit weggezogen hatte. Damit soll das Geschäftsgebaren der Landesbanken im Vorfeld der systemischen Finanzkrise der Jahre 2007 und 2008 nicht entschuldigt werden. Sie waren

[51] Es bestand die Befürchtung, Sparer könnten in großer Zahl das Geld von ihren Konten abheben, vgl. etwa *Gesellensetter/Siemens,* „Banken stehen Schlange am Abgrund", Beitrag auf www.focus.de vom 29.09.2008.

aber gezwungen, sich anderweitig zu orientieren. Dass sich einige Landesbanken dabei den großen Geschäfts- und Investmentbanken anvertraut haben, die ihnen zweifelhafte ABS-Anleihen schmackhaft gemacht, verkauft und auf Kredit finanziert haben, zeigt gerade nur, wie gefährlich es ist, in gewachsene Strukturen einzugreifen. Es ist unverantwortlich, Teilen eines für jede Volkswirtschaft zentralen Wirtschaftszweigs den Boden unter den Füßen wegzuziehen, um die Betroffenen sich selbst zu überlassen. Das war bei einigen Landesbanken der Fall. Sie waren gezwungen, die große Bühne der internationalen Finanzmärkte zu betreten, wo sie gleichsam ein Opfer der Komplexität internationaler Finanzgeschäfte wurden.

Man mag den Wegfall der Gewährträgerhaftung aus der Sicht großflächig paffender EU-Dogmatik für richtig halten, weil die Haftung eines Bundeslandes der Landesbank einen Wettbewerbsvorteil bietet. Das ist zwar eine richtige, aber zugleich nicht mehr als eine überaus banale Erkenntnis. Dass Garantien eines guten Schuldners am Finanzmarkt die Refinanzierung erleichtern, ist eine Binsenweisheit, für die man nicht das EU-Recht braucht.

Tiefgehende Einschnitte in eine nationale Bankenlandschaft bedürfen indes sehr gut überlegter Konzepte, die es in diesen und anderen Fällen nicht gab. Die Landesbanken saßen mit dem Auslaufen der Gewährträgerhaftung letztlich auf einem Batzen Geld, hatten aber kein tragfähiges Geschäftsmodell. Auch das führte dazu, dass sie sich im Geschäft mit ABS-Anleihen tummelten, teilweise maßlos via Zweckgesellschaften zockten und damit auf die falsche Karte setzten. Es ist infolge der systemischen Finanzkrise schick geworden, sich über „dumme Landesbanken“ lustig zu machen. Das greift jedoch zu kurz. Trotz unbestreitbarer Fehler einiger Landesbanken liegt eine weitere Ursache darin, dass ein nicht zu Ende gedachter Eingriff in die Bankenlandschaft vollzogen wurde.

Die Zeiten einer derart experimentellen Politik der EU-Kommission müssen enden. Ein beliebter Einwand der EU-Politik besteht in solchen Fällen übrigens darin, dass man nur die großen Linien vorgebe, die nähere Ausgestaltung sei eine Sache der Mitgliedstaaten. Das ist schon deshalb falsch, weil die EU an zahlreichen Stellen das Bank- und Kapitalmarktrecht nicht nur bis in das Detail reguliert, sondern unverantwortlich handelt, wenn sie sich um die möglichen Folgen ihrer Politik im Vorfeld einer Maßnahme keine Klarheit verschafft.

Unter dem Strich bleibt die Erkenntnis, dass die EU-Kommission eine auf dem Gebiet der Finanzmärkte gefährliche Politik der Gleichmacherei der Wettbewerbsbedingungen verfolgt. Schwachstellen der so angestrebten und teilweise schon erzeugten Monokultur werden europaweit verbreitet. Gewachsene und stabilisierende Vielfalt in der Bankenlandschaft wird untergepflügt. Freilich strebt die EU-Kommission keine Destabilisierung unseres Finanzsystems an. Aber das ist ja gerade das Gefährliche an der Politik der EU-Kommission. Sie möchte nicht destabilisieren, tut es aber.

Um Missverständnisse auszuschließen: Freilich hat sich die EU-Kommission ihre Aufgaben auf den Gebieten des Wettbewerbsrechts sowie der Kapitalverkehrs- und

Niederlassungsfreiheit nicht selbst verliehen. Das EU-Recht weist ihr diese Aufgaben zu und gibt der EU-Kommission die Möglichkeit, gegen nicht EU-konformes Recht in Mitgliedstaaten vor dem Europäischen Gerichtshof zu klagen. Das muss aber nicht so bleiben. Die Mitgliedstaaten haben die Möglichkeit, den Einfluss der EU-Kommission durch eine Änderung der Europäischen Verträge auch wieder zurückzunehmen. Im Zuge des Managements der Staatsschuldenkrise ist das faktisch bereits geschehen. Die EU-Kommission hat völlig zu Recht nur noch eine Nebenrolle gespielt.

2. Gespenstische Gesamtkonzepte

Eine weitere Stärkung der EU-Kommission erscheint schon deshalb als nicht vertretbar, weil dieser Behörde in ihrer Funktion als administrativer Spitze der EU offenbar die Fähigkeit zur Selbstkritik abhanden gekommen ist. Mitten in der Staatsschulden- bzw. Eurokrise veröffentlichte die EU-Kommission am 26.05.2011 eine Mitteilung an das EU-Parlament, den Rat, den Europäischen Wirtschafts- und Sozialausschuss und den Ausschuss der Regionen. Das sind die wichtigsten Institutionen der EU. Die Überschrift des Dokuments lässt aufhorchen, denn sie lautet immerhin „Schutz der finanziellen Interessen der Europäischen Union durch strafrechtliche Vorschriften und verwaltungsrechtliche Untersuchungen" und verspricht in der Unterzeile ein „*Gesamtkonzept zum Schutz von Steuergeldern*".

Es macht in der Öffentlichkeit natürlich Eindruck, vor dem Hintergrund dramatischer Finanzkrisen strafrechtliche Vorschriften ins Feld zu führen. Man könnte meinen, dass jetzt durchgegriffen werden soll. Mit dem Papier verfolgt die EU-Kommission jedoch ein Vorhaben, das sie schon über viele Jahre umtreibt. Sie strebt einen Kompetenz- bzw. Machtzuwachs an, der sie in die Lage versetzt, strafrechtliche Vorschriften über den Schutz der finanziellen Interessen der EU für alle Mitgliedstaaten verbindlich vorzugeben.

In diesem Fall geht es eben um den „Schutz der finanziellen Interessen der Europäischen Union durch strafrechtliche Vorschriften und verwaltungsrechtliche Untersuchungen". Das Papier erweist sich allerdings als einzige Enttäuschung. Es spiegelt geradezu die mangelnde Fähigkeit der EU-Bürokratie wider, aktuelle Entwicklungen konzeptionell aufzunehmen und auch Selbstkritik zu üben. Mit dem ersten Satz bemerkt die EU-Kommission:

> *Der Schutz der finanziellen Interessen der EU ist ein wichtiger Punkt der politischen Agenda der Kommission, denn es gilt, das Vertrauen der Öffent-*

lichkeit zu festigen und zu stärken und sicherzustellen, dass die Steuergelder ordnungsgemäß verwendet werden.[52]

Da kann man allgemein und nach den Vorgängen um den Euro erst recht nur zustimmen. Wer nun aber erwartet, dass in diesem Grundsatzpapier aus dem Mai 2011 (!), das sich selbst sogar als Gesamtkonzept bezeichnet, zumindest auch Fragen der Eurokrise und der Kontrollmechanismen angesprochen werden, sieht sich enttäuscht. Es geht nahezu ausschließlich um den Schutz des EU-Haushalts vor Betrügereien und Korruption. Gemeint sind damit etwa Fälle des EU-Subventionsbetrugs.

Europas Bürger sehen hingegen die finanziellen Belange der EU durch fragwürdige Handlungen und Unterlassungen im Zusammenhang mit dem Euro geschädigt. Es wäre zumindest interessant gewesen, auch dazu etwas zu lesen.

Allerdings ist zugunsten der EU-Kommission anzumerken, dass man die Einhaltung von Stabilitätskriterien mit einem Konzept zum Schutz der finanziellen Interessen der EU bisher nicht in Verbindung gebracht hat. Unter dem Schutz der finanziellen Interessen der EU verstand man vielmehr nur Regelungen, die den EU-Haushalt betreffen und schützen sollen. Wenn sich aber andere Papiere der EU-Kommission aus dem Jahr 2010 über die vorsätzliche Falschmeldung von Daten auslassen und es in dem Gesamtkonzept aus dem Jahr 2011 auch um den Schutz der finanziellen Interessen durch verwaltungsrechtliche Untersuchungen gehen soll, dann besteht eben doch ein Zusammenhang. Aber das sieht die EU-Kommission nicht. Sie nimmt diesen Wandel konzeptionell nicht auf.

Die Frage, wie es dazu kommen konnte, dass die Kontrollmechanismen der Europäischen Währungsunion versagt haben, und ob zum Schutz dieser Mechanismen auch Sanktionsvorschriften gegen handelnde Personen in Betracht kommen, wird einfach ausgeblendet. Das wäre aber schon angesichts der großflächigen Überschrift des Papiers anzusprechen gewesen. Will man es nicht, muss man das Konzept anders bezeichnen oder diesen Punkt ausdrücklich ausnehmen. In Zeiten, in denen sich die Eurokrise bereits dramatisch zugespitzt hatte, kann man kein „Gesamtkonzept" zum Schutz der finanziellen Interessen der EU in die Welt setzen, das einen Punkt, der die finanziellen Interessen der EU zumindest auch wesentlich betrifft und viele Menschen interessiert, unkommentiert vorbeiziehen lässt.

Um Missverständnisse auszuschließen: Das von dem Konzept formulierte Anliegen, den EU-Haushalt vor Betrügereien, Veruntreuungen oder Korruption zu schützen, verdient Zustimmung. Der unbefangene Leser sollte aber wissen, dass es an dieser Stelle keineswegs brennt. Die betrügerische Erlangung von Geldern aus dem EU-Haushalt stellt in den Mitgliedstaaten eine Straftat dar. Die EU-Kommission moniert in ihrem Papier zwar gewisse Unterschiede bei der Ausgestaltung des Strafrechts, aber das kann nun wirklich nicht verwundern, denn es hat eben auch mit der Viel-

[52] *EU-Kommission,* Schutz der finanziellen Interessen der Europäischen Union durch strafrechtliche Vorschriften und verwaltungsrechtliche Untersuchungen, 2.

zahl der Rechtsordnungen in der EU und dort wiederum mit unterschiedlichen Rechtstraditionen zu tun.

Man muss das alles nicht angleichen. Entscheidend ist doch, dass jeder Mitgliedstaat Angriffe auf EU-Mittel so ahndet, als ob eigene Haushaltsmittel Gegenstand betrügerischer Handlungen wären. Das ist in den Mitgliedstaaten bereits heute möglich. Deshalb gibt es keinen akuten Handlungsbedarf in dem Sinne, dass der EU-Haushalt durch Subventionsbetrüger etc. heute stärker als in der Vergangenheit gefährdet wäre. Neue und einheitliche Strafgesetze helfen in solchen Fällen auch nicht weiter. Viel wichtiger ist ein rechtsstaatlicher Vollzug des jeweils geltenden Rechts in den Mitgliedstaaten.

Der bisher schwerste Angriff auf die finanziellen Interessen der EU kommt in Gestalt der verschleppten Eurokrise aus ihr selbst. In *dieser* Hinsicht besteht akuter Handlungsbedarf. Wenn die EU-Kommission schon ein „Gesamtkonzept" vorlegt, wäre es interessant zu wissen, wie sie in diesem Punkt zu verfahren gedenkt. Dazu schweigt das Papier.

Es wäre auch interessant zu erfahren, wie die in dem Papier mehrfach erwähnte EU-Behörde OLAF (Office Européen de Lutte Anti-Fraude) zu den Vorgängen um das griechische Defizit steht. Bei OLAF handelt es sich um das Europäische Amt für Betrugsbekämpfung. Diese Behörde ist u. a. auch zuständig, wenn es im Zusammenhang mit der Erhebung oder Verarbeitung von Daten auf der EU-Ebene zu Unregelmäßigkeiten gekommen sein könnte. Dem Vernehmen nach hat OLAF geprüft, ob ein Verfahren zu eröffnen war, davon dann aber abgesehen, weil die EU-Kommission keine hinreichenden Kompetenzen zur Überprüfung der übermittelten Daten gehabt habe. EU-Behörden sei kein Vorwurf zu machen.

Wenn im Falle Griechenlands sogar nach Durchsicht der EU-Dokumente resümiert werden muss, dass vorsätzlich falsche Daten gemeldet wurden, dann befremdet es doch sehr, dass solche Vorgänge in einem „Gesamtkonzept" zum Schutz der finanziellen Interessen der EU nicht vorkommen. Um den Kreis zu der Einstellung des Defizitverfahrens im Jahr 2007 im Fall Griechenland zu schließen: Das alles ist dem Gesamtkonzept nicht einmal mehr die berühmte Fußnote wert. Es kommt einfach nicht vor.

Fachkreise wissen, dass sich die Mitgliedstaaten bereits vor vielen Jahren verpflichtet haben, die finanziellen Interessen der EU zu schützen. Das Gesamtkonzept greift ein altes Thema auf, ohne die aktuellen Entwicklungen auch nur anzusprechen. Diese Ablösung von der Realität und die Unfähigkeit zur Selbstkritik haben Gründe, die in der fehlerhaften Konstitution der EU selbst liegen. Sie sind Ausdruck und Konsequenz schwerer Demokratiedefizite und gehen auch darauf zurück, dass selbst völliges Versagen für die EU-Kommission letztlich folgenlos bleibt. Im Unterschied dazu muss sich jedes Ministerium in einem Mitgliedstaat bei Wahlen auch mittelbar verantworten, und es gibt eine heilsame Rückwirkung in die Politik. Die eine Regierung tragenden Parteien müssen sich für das verantworten, was in ihren Ministerien geschehen ist. Dieser Mechanismus funktioniert in der EU nicht. Die Menschen können wählen wie sie wollen, am Ende sitzt da immer wieder eine EU-Bürokratie, mit der sie sich nicht mehr identifizieren. Die Bürger Europas können sich gegen das Euro-Desaster nicht einmal mehr durch Wahlen wehren. Gewiss kann man die Mechanismen parlamentarischer Legitimation aus den Mitgliedstaaten nicht ohne weiteres auf die EU-Ebene spiegeln und muss auch zugeben, dass der Vertrag von Lissabon manches verbessert hat. Allerdings befindet sich die EU-Kommission in einer so schlechten Verfassung, dass ein weiterer Machtzuwachs der administrativen Spitze der EU als unvertretbar erscheint.

Es ist festzustellen, dass die im Frühsommer des Jahres 2011 vorgelegte Gesamtkonzeption zum Schutz der finanziellen Interessen der EU mit den tatsächlichen Problemen nur wenig zu tun hat. Man kann nur hoffen, dass die Regierungen der Mitgliedstaaten solche Projekte der Rechtsangleichung stoppen, die einen ermüdenden EU-Regelungsautomatismus anwerfen und an den eigentlichen Problemen vorbeigehen.

So richtig zupackend wirkt das Papier allerdings ohnehin nicht. Ganz am Ende findet der Leser einige eingerahmte und farblich hervorgehobene Sätze. Da heißt es dann in der Überschrift:

> *Unsere Vision für das Jahr 2020: Ergreifung der erforderlichen Maßnahmen auf straf- und verwaltungsrechtlichem Gebiet zur Minimierung von gegen den EU-Haushalt gerichteten widerrechtlichen Handlungen.*[53]

Vision 2020, das ist eine schön luftige Formulierung. Ähnlich ist es mit der „Ergreifung der erforderlichen Maßnahmen". Da kann man die Rückenlehne des Schreibtischsessels schon einmal lockern, sich zurücklehnen, im Rücken etwas wippen und nachdenken, was das wohl alles sein könnte. Es dürfte auf EU-weite Strafgesetze hinauslaufen, die an den Grundproblemen vorbei gehen und rechtsstaatlich bedenkliche Regelungen enthalten.

Der gesamte Text verfügt übrigens über 14 Seiten. Der wolkige Begriff „Maßnahmen" taucht allein oder als Teil eines Wortes 31-mal auf. Auf der letzten Seite geht es wie folgt weiter:

> *Eine Politik der „Nulltoleranz" gegenüber zu Lasten des EU-Haushalts gehenden Betrugsdelikten setzt die Einführung geeigneter Maßnahmen für eine einheitliche Verfolgung von Betrugsdelikten in der gesamten EU voraus. Ziel der EU muss sein, durch eine zügige, die abschreckende Wirkung verstärkende Abwicklung von Strafverfahren und Bestrafung in der gesamten EU einen wirksamen, angemessenen und abschreckenden Schutz ihrer finanziellen Interessen zu erreichen. Zu diesem Zweck müssen Steuergelder unter voller Nutzung der im Vertrag von Lissabon festgeschriebenen Möglichkeiten durch eine verbesserte, nicht an Landesgrenzen Halt machende*

[53] *EU-Kommission,* Schutz der finanziellen Interessen der Europäischen Union durch strafrechtliche Vorschriften und verwaltungsrechtliche Untersuchungen, 14.

Strafverfolgung und durch gemeinsame strafrechtliche Mindestvorschriften EU-weit gleichwertig geschützt werden.[54]

Das kann man so ähnlich in früheren Konzepten schon nachlesen. Die Texte werden nur immer blutleerer. Nulltoleranz, zügige Verfahren und abschreckende Wirkung, das sind Sprechblasen. Damit kann man Hooligans im Vorfeld einer Fußballeuropameisterschaft drohen, aber nicht ein Papier enden lassen, das sich in Zeiten, in denen das Finanzsystem der EU von innen heraus zu kollabieren droht, dem strafrechtlichen Schutz der finanziellen Interessen der EU zuwendet.

3. Neue EU-Bürokratien

Geradezu beängstigend ist der Versuch der EU-Kommission, die chronifizierte Finanzkrise zu nutzen, um für die EU-Administration neue Zuständigkeiten zu begründen. Wie die Arme eines Kraken versucht die EU-Kommission, neue Kompetenzen auf die EU-Ebene zu ziehen. Unter dem Stichwort der Bankenunion segelt ein Vorhaben zur EU-weiten Aufsicht über Banken unter maßgeblicher Beteiligung der EZB. Das ist schon deshalb der falsche Weg, weil die EZB der Geldwertstabilität verpflichtet ist und diese Aufgabe mit den Interessen einer Bankenaufsicht kollidieren kann. Im Übrigen mag eine EU-weite Aufsicht bei den großen und international agierenden Geschäftsbanken angezeigt sein, aber nur im Wege einer Zusammenarbeit mit nationalen Behörden. Wichtig ist, dass Behörden wie die deutsche BaFin die Möglichkeit erhalten, das internationale Geschäft eines Instituts mit inländischem Hauptsitz effektiv zu kontrollieren, was im Vorfeld der systemischen Finanzkrise nur unzureichend der Fall war. Zu diesem Zweck könnte es sinnvoll sein, der EU-Bürokratie eine Koordinierungsfunktion zuzuweisen. Es kann auch hilfreich sein, dass eine EU-Aufsicht „über den Tellerrand" schaut und versucht, auf Fehlentwicklungen in einem Mitgliedstaat aufmerksam zu machen.

Es wäre nach den Erfahrungen mit der bisherigen EU-Regulierung jedoch ein fataler Fehler, die Bankenaufsicht in einer EU-Superbehörde zu zentralisieren, der die nationalen Behörden nur noch zuarbeiten. Ein administratives Durchregieren der EU-Kommission „von oben nach unten" würde die in diesem Buch mehrfach geschilderten Gefahren internationaler Rechtsangleichung nochmals steigern und um die Gefahr einer zentralistischen Bürokratie anreichern.

54 *EU-Kommission,* Schutz der finanziellen Interessen der Europäischen Union durch strafrechtliche Vorschriften und verwaltungsrechtliche Untersuchungen, 14.

Fünftes Kapitel

Wiederkehrende Fehler der EU-Finanzmarktregulierung

Bei einer kritischen Betrachtung der EU-Politik muss man allerdings daran erinnern, dass bei der Verabschiedung der wesentlichen Rechtsakte der Rat eine federführende Rolle spielt, der sich aus den Regierungen der Mitgliedstaaten zusammensetzt. Von dieser EU-Institution sind in den letzten zwei Jahrzehnten das Bankenaufsichtsrecht und das Kapitalmarktrecht, also die Regeln der Finanzmärkte, durch Vorgaben an die Mitgliedstaaten umgestaltet worden, die diese in nationales Recht umsetzen mussten. Dadurch wird das Recht der EU-Staaten untereinander angeglichen. Das Mittel, mit dem dies geschieht, wird als EU-Richtlinie bezeichnet. Das Wort Richtlinie ist in diesem Zusammenhang aber nicht etwa als grobe Richtschnur oder Leitlinie zu verstehen. Es handelt sich vielmehr um verbindliches Recht, das sich an den Gesetzgeber der Mitgliedstaaten richtet, der die Inhalte der Richtlinie dann in seine Gesetze einfügen oder neue Gesetze schaffen muss.

Diese Rechtsangleichung ist in weiten Teilen verunglückt, teilweise sogar missraten. Dabei verdient das einzelne Vorhaben mitunter durchaus Zustimmung. So verfolgte die EU etwa mit der Angleichung des Rechts zur Bekämpfung des Insiderhandels sowie der Verhinderung von Marktmanipulationen dem Grunde nach durchaus sinnvolle Regulierungsvorhaben an den Kapitalmärkten, die nicht nur Banken, sondern alle börsennotierten Aktiengesellschaften und weitere Marktteilnehmer betreffen und auch Privatanleger schützen. Man kann es aber nicht mit der Formulierung hehrer Ziele bewenden lassen, sondern muss dann schon verständliche und gedanklich klare Richtlinien vorlegen. Das war jedoch zu oft nicht der Fall. Die erzeugten Rechtszustände sind teilweise so schlecht, dass man das EU-Recht selbst mittlerweile als Gefahr für die Kapitalmärkte ansehen muss.

1. Unverständliche Gesetze

Das lässt sich anhand von zahlreichen Beispielen konkret belegen. Ein schönes Beispiel enthält das Recht der Marktmanipulation, das in Deutschland in § 20a des Wertpapierhandelsgesetztes (WpHG) geregelt ist. Ziel dieses Rechts war es, die unlautere Beeinflussung von Börsenpreisen zu unterbinden. Der im deutschen Recht erzeugte Regelungszustand ist jedoch unverständlich, verschachtelt und trostlos bis deprimierend. Der Leser stößt infolge der Umsetzung von EU-Richtlinien auf sprachlich verquaste Begriffe, die aus den EU-Texten übernommen und dem deutschen Recht übergestülpt wurden. Das klingt nun nach langweiliger Technokratie, die uns im Alltag doch allenthalben begegnet und ermüdet. So ist es zwar auch, aber nicht nur. Wie schlimm es wirklich zugeht, erfährt man erst, wenn man sich anhand von Beispielen einen Eindruck verschafft.

Das umgesetzte EU-Recht verbietet es in § 20a Abs. 1 WpHG,

> *unrichtige oder irreführende Angaben über Umstände zu machen, die für die Bewertung eines Finanzinstruments erheblich sind.*

Da ahnt man, was gemeint sein könnte, eben die unlautere Beeinflussung von Börsenkursen. Aber was sind eigentlich Finanzinstrumente genau? Es handelt sich um ein Kunstwort, um einen synthetischen Begriff, der für sich gesehen inhaltsleer daher kommt. Also muss man das Kunstwort definieren, um der Worthülse einen Inhalt zu geben. Das Gesetz versucht das auch, und zwar in § 2 Abs. 2a WpHG:

> *Finanzinstrumente im Sinne dieses Gesetzes sind Wertpapiere im Sinne des Absatzes 1, Geldmarktinstrumente im Sinne des Absatzes 1a, Derivate im Sinne des Absatzes 2, Rechte auf Zeichnung von Wertpapieren und Vermögensanlagen im Sinne des § 1 Absatz 2 des Vermögensanlagengesetzes mit Ausnahme von […]*

Dem entnehmen wir also, dass unter Finanzinstrumenten Wertpapiere und Geldmarktinstrumente zu verstehen sind.

Das irritiert nun abermals, denn die meisten Leser dürften anfangs zwar richtigerweise auch auf Wertpapiere getippt haben, stehen aber doch mit leeren Händen da, denn es bleibt ein Rest, nämlich die Geldmarktinstrumente. Derjenige, der nicht weiß, was Finanzinstrumente sind, wird erst recht mit Begriff „Geldmarktinstrument" hadern.

Auch dieser Begriff wird definiert, und zwar in § 2 Abs. 1a WpHG:

> *Geldmarktinstrumente im Sinne dieses Gesetzes sind alle Gattungen von Forderungen, die nicht unter Absatz 1 fallen und die üblicherweise auf dem Geldmarkt gehandelt werden, mit Ausnahme von Zahlungsinstrumenten.*

Dem Gesetz ist also zu entnehmen, dass Zahlungsinstrumente keine Geldmarktinstrumente sind. Das ist nun gedanklich und systematisch insoweit schief und unverständlich, als dass man konsequenterweise nun auch sagen müsste, was Zahlungsinstrumente sind. Danach sucht man in dem Gesetz vergebens. Der Begriff bleibt offen. Derart verquere Regelungen sind kein Einzelfall, sondern sie durchziehen und prägen das europäisierte Recht. Sprache und Ausdruckskraft des Rechts, das nun einmal in Gesetzen niedergeschrieben wird, werden seit Jahren durch eine Art „EU-Sprech" verstümmelt.

Wer das nicht glaubt, sollte sich selbst einen unmittelbaren Eindruck von der sprachlichen Anämie des EU-Rechts verschaffen. Das geht ohne großen Aufwand, denn man kann solche Gesetze im Internet rasch aufrufen. Hier seien § 1 des Kreditwesengesetzes oder § 2 des Wertpapierhandelsgesetzes in seiner ganzen Länge empfohlen. Sprachakrobaten wie Karl Valentin hätten ihre Freude daran gehabt. Es handelt sich dabei jeweils um eine Vorschrift des Bankenaufsichtsrechts und um eine. des Kapitalmarktrechts. Stichproben sozusagen, die einen guten Eindruck vom Definitionswahn des EU-Rechts vermitteln.

Beeindruckend ist dieser Selbsttest, wenn man versucht, die Vorschriften ganz zu lesen und zu verstehen. Allerdings sollte man sich für diesen Tag nichts anderes vornehmen. Versuchen sollte man es aber trotzdem. Es ist auch erlaubt, mittendrin aufzuhören, um sich schöneren Dingen zuzuwenden. Es geht ja nur darum, sich ein Bild von der EU-Regelungswut, der öden Sprache und den Definitionsexzessen zu machen.

Nun könnte man sich fragen, ob diese Kritik nach einer sprachlichen Ästhetik des geschriebenen Rechts verlangt, die in einem mehrsprachigen Europa mit möglichst einheitlichen Gesetzen nicht erreicht werden kann. In diesem Sinne wäre die sprachliche Anämie des EU-Rechts bedauerlich, aber nicht zu ändern. Um das alles in Ordnung zu bringen gibt es doch schließlich Juristen. Die müssten doch in der Lage sein, mit sprachlich oder sonst misslungenen Gesetzen umzugehen.

Stimmt, das können Juristen. Die Rechtsprechung allgemein sowie die Kommentierungen von Gesetzen und auch wissenschaftliche Abhandlungen sind in der Lage, die Wogen zu glätten. Sogar chaotische oder lückenhafte Gesetze können in ruhige Bahnen gelenkt werden. Am Ende dieses Prozesses werden sogar unübersichtliche Regelungskomplexe in einen Zustand der Kalkulierbarkeit und Vorausehbarkeit überführt, den man auch als Rechtssicherheit bezeichnet.

2. Wiederholte Änderung von Gesetzen

Auf dem Gebiet des Bank- und Kapitalmarktrechts kann man sich damit aber nicht beruhigen. Rechtspraxis und Rechtswissenschaft schaffen es schon lange nicht mehr, diesen Prozess der Konsolidierung herbeizuführen. Neues Recht muss sich setzen, dieser Prozess braucht Zeit. Dazu kam es oft nicht, weil die EU in zu kurzen Abständen immer neue Richtlinien erließ oder erlässt, die das bis dahin geltende Recht ergänzten oder sogar bisherige Regelungen wieder modifizierten.

Dieses Vorgehen der EU, das sehr oft von der EU-Kommission angestoßen wurde, stellt einen kapitalen Fehler dar, weil angeglichenes Recht in den verschiedenen Rechtsordnungen Zeit braucht, um sich zu setzen. Seine faktische Geltung in der Rechtswirklichkeit und in dem sozialen Miteinander entfaltet Recht nicht dadurch, dass die betroffenen Rechtskreise ständig neue EU-Richtlinien oder Gesetze in Aktenordnern abheften. Recht tritt mit seiner Verkündung im Gesetzblatt zwar formal in die Welt, aber es lebt erst durch seine Beachtung und Anwendung. Dieser Prozess wird durch die EU immer wieder gestört, teilweise sogar zurückgeworfen. Nun neigt die Politik dazu, gerade als Reaktion auf Krisen „etwas zu tun". Das ist aber Aktionismus, der eher schadet als hilft.

Das Strafrecht bildet dafür ein Beispiel. In den Debatten der verschiedenen Krisen tauchte immer wieder die Forderung nach strafrechtlichen Sanktionen auf. Die Anwendung des Strafrechts in der Praxis wird durch sich ständig wandelnde Rechtszustände aber unterlaufen. Viele Vorschriften des Kapitalmarktrechts verzahnen sich direkt oder indirekt mit dem Strafrecht. An dieser Stelle sind ständige Rechtsänderungen bedenklich. Denn unser Strafrecht will ja nicht, dass möglichst viele Menschen von neuen Vorschriften überrascht werden und schließlich im Gefängnis sitzen. Es will präventiv wirken, um sozial unerträgliches Verhalten zu unterbinden. Wenn man aber diese Koordinaten immer wieder ändert, führt das zur Desorientierung – auch bei den Richtern und Staatsanwälten, weil sie bei wiederholten Änderungen des Rechts aufgrund rechtstaatlicher Garantien immer prüfen müssen, ob zwischen der Tatzeit und dem Urteilszeitpunkt eine mildere Rechtslage vorlag. Diese Prüfung ist nicht nur aufwendig, sondern birgt zahlreiche Unwägbarkeiten. Das alles untergräbt die faktische Geltung des Rechts, es schadet der Rechtssicherheit und führt den Normunterworfenen in einen Irrgarten. Die Regelungswut der EU auf dem Gebiet des Bank- und Kapitalmarktrechts hat unsere Gesetze regelrecht mutieren lassen und in einen bedenklichen Zustand versetzt. Das ist ein gefundenes Fressen für gute Strafverteidiger, denen das allerdings nicht anzukreiden ist. Sie müssen für ihren Mandanten kämpfen, und es ist ihr gutes Recht, Unklarheiten des Rechts herauszuarbeiten und den Finger in diese Wunde zu legen.

Wir sollten uns im Lichte dieser Entwicklung davor hüten, vorschnell nach weiteren Regeln durch die EU zu rufen. Es gibt zwar den unabweisbaren Bedarf, die Finanzmärkte auch international zu regulieren. Allerdings verläuft die Umsetzung insbesondere im Bereich der EU eben derartig schlecht, dass man die EU-Regulierung als Gefahr für unser Finanzsystem bezeichnen muss.

Damit soll keineswegs überspielt werden, dass auch einige Protagonisten an den Finanzmärkten zum Entstehen der Krise beigetragen haben. Unverantwortliches Handeln seitens der Finanzwelt wurde in diesem Buch bereits mehrfach benannt. Auch zu hohe Staatsschulden einiger Eurostaaten haben zur Chronifizierung der Finanzkrise beigetragen. Ein weiterer Grund liegt aber eben auch im Versagen der Regulierungsmechanismen, und damit wird Regulierung selbst zur Gefahrenquelle. Die Chance der Finanzkrisen besteht darin, diese Zusammenhänge nunmehr erkennen zu können.

Diese Sichtweise löst sich vom Klischee der bösen Banker und Spekulanten, die nichts anderes als Gier antreibt und deren Handeln wir stoppen müssen, um unser Finanzsystem zu retten. Wir müssen weg vom Regelungsaktionismus der EU. Dabei geht es nicht darum, den EU-Institutionen den schwarzen Peter zuzuschieben. EU-Politik ist in erster Linie mittelbare Politik der Mitgliedstaaten. In diesem Sinne muss jenseits von Schuldzuweisungen die Erkenntnis Raum greifen, dass der Prozess der Harmonisierung des Bank- und Kapitalmarktrechts einen Irrweg darstellt, wenn es zu sehr in das Detail geht.

Das müsste nicht so sein. Das Mittel der Angleichung wird als EU-Richtlinie bezeichnet. Deren Bedeutung ist völlig aus dem Ruder gelaufen. Das zeigt schon ein Blick in das Vertragswerk. Nach dem Wortlaut der EU-Verträge ist und war die EU-Richtlinie „hinsichtlich des zu erreichenden Ziels verbindlich, überlässt jedoch den innerstaatlichen Stellen die Wahl der Form und der Mittel“[55]. Das steht seit Jahrzehnten jedoch nur noch auf dem Papier. Die EU-Kommission verlangt eine strikte Beachtung der Vorgaben, was auch an einer entsprechenden Rechtsprechung des Europäischen Gerichtshofs liegt. Dafür gab es z. B. auf dem Gebiet des Umweltrechts auch gute Gründe, wenn es etwa um die Festlegung von Mindestgrenzen für Schadstoffe geht.

Auf dem Gebiet des Bank- und Kapitalmarktrechts ist das anders. Freilich gibt es auch hier für ausführliche Regelungen mitunter den Grund, dass der Teufel im Detail steckt. Wir leben in einer komplexen Welt, und Bankgeschäfte sind nun einmal sehr facettenreich. Das alles im Detail regeln zu wollen, mündet jedoch in einem teuflischen Regelungsmechanismus. Unser Blick auf die Ursachen und den Verlauf der Finanzkrise der Jahre 2007 bis 2009 im zweiten Kapitel dieses Buches hat gezeigt, wie Lücken ausgenutzt werden. Die Umgehung des Grundsatzes der Eigenkapitalunterlegung mittels des Kunstgriffs der ABCP-Schattenbanken ist der schlagende Beweis. Die Lücken im System nach Basel I wurden gescannt, die an sich sinnvollen ABCP-Programme als Schwachstelle der Regulierung erkannt und für ein riskantes Geschäftsgebaren missbraucht. Natürlich war das auch von einigen Protagonisten unverantwortlich, aber diese Erkenntnis allein ändert nichts.

Wir müssen und können Finanzmärkte mit Regeln versehen, aber nicht durch sprachlich verquaste EU-Regelungen, die in endlosen Verweisungsketten münden und neben Ratlosigkeit auch Lücken hinterlassen. Die schnelle Abfolge der Krisen belegt das, und unser Blick auf die jeweiligen Ursachen liefert hinreichende Belege dafür, dass dieser Weg nicht fortgesetzt werden darf.

55 Nachzulesen in Artikel 288 S. 3 AEUV.

Sechstes Kapitel

Wie Regulierung Kursexzesse fördern kann, ein Beispiel anhand der Dotcom-Blase

Regulierung kann sogar Krisen fördern. Im Vorfeld der ersten Finanzkrise des neuen Jahrtausends hatte die Europäische Union die meisten börsennotierten Unternehmen der sogenannten Ad-hoc-Publizitätspflicht unterworfen. Der Regelungsmechanismus funktioniert wie folgt: Um Insiderhandel zu unterbinden, müssen börsennotierte Aktiengesellschaften Ad-hoc-Meldungen publizieren, mit denen sie eine in ihrem Geschäftsbereich eingetretene Insiderinformation der Öffentlichkeit zugänglich machen. Diese Ad-hoc-Meldungen werden elektronisch über Börseninformationsdienste oder Nachrichtenagenturen verbreitet.[56]

Eine solche Insiderinformation liegt dann vor, wenn es um eine konkrete Information über nicht öffentlich bekannte Umstände oder Ereignisse geht, die im Falle ihres öffentlichen Bekanntwerdens den Börsenkurs einer Aktie erheblich beeinflussen kann.[57] Eine solche Information muss der Vorstand grundsätzlich öffentlich bekannt machen. Man dachte dabei an kursrelevante Informationen wie Übernahmeangebote, aussichtsreiche Erfindungen, aber auch überraschend gute oder schlechte Geschäftsverläufe. Das an sich lobenswerte Anliegen bestand darin, die Chancengleichheit zum Zugang kurserheblicher Informationen zu verbessern und zugleich die Möglichkeit zu unterbinden, dass solche Informationen durchsickern, sich schleichend verbreiten und damit von nur einzelnen informierten Personen auf Kosten der Uninformierten ausgenutzt werden. Ein solches Verhalten nennt man Insiderhandel, und dieser sollte verboten werden.

Dahinter stand also eine an sich gute Regulierungsidee. Umgesetzt wurde sie aber so schlecht, dass das Regulierungsinstrument für die Manipulation von Börsenkursen missbraucht wurde. Die Ad-hoc-Publizität wurde zum Sprachrohr einiger Betrüger und Abzocker und damit zum Treibsatz von Kursexzessen. Wie bei der Finanz- oder Staatsschuldenkrise wird das aber erst dann deutlich, wenn man diese Fälle der Börsenkriminalität konkret betrachtet.

56 Wie so etwas aussieht, kann jeder im Internet auf <http://www.dgap.de> nachsehen. Unter „Ad-hoc-Mitteilungen“ kann man etwa die von der Deutschen Gesellschaft für Ad-hoc-Publizität im Auftrag der Unternehmen verbreiteten Nachrichten nachlesen.

57 Dies ergibt sich aus § 13 Abs. 1 des Wertpapierhandelsgesetzes.

1. Der Fall ComROAD

Wie die Regulierungsvorschriften missbraucht werden können, um gutgläubige Anleger zum Kauf von zweifelhaften Aktien zu motivieren, hat der Fall ComROAD bewiesen.

Der Vorstand der ComROAD AG manipulierte in der Zeit von 1998 bis Anfang des Jahres 2002 den Aktienkurs der ComROAD AG. Durch hochgerechnete Umsatz- und Gewinnmeldungen, denen teilweise frei erfundene Geschäftsabschlüsse zugrunde lagen, gelang es dem Täter, den Börsenkurs der ComROAD AG in die Höhe zu treiben. Die so erzeugte Nachfrage und das überhöhte Kursniveau nutzte der Vorstand, um eigene Aktien zu verkaufen. Auch im Zuge einer Kapitalerhöhung, bei der Anleger weitere Aktien erwerben können, täuschte der Täter die gutgläubigen Zeichner der Aktien.

Der Angeklagte wurde vergleichsweise hart bestraft. Das Landgericht München verhängte wegen Kursbetruges in 17 Fällen und verbotenem Insiderhandel in 22 Fällen, in drei Fällen in Tateinheit mit Betrug, eine Freiheitsstrafe von sieben Jahren.

Wie konnte es dazu kommen, dass Anleger wie von Sinnen eine Aktie kauften, deren Umsätze überwiegend frei erfunden waren? Sie sind den Ad-hoc-Meldungen der ComROAD AG aufgesessen. Um sich ein Bild von solchen Meldungen und der Täuschung des Marktes machen zu können, seien zwei dieser Meldungen im Wortlaut abgedruckt. Deren Lektüre ist zwar mühsam, lohnt sich aber, denn sie wurden in der für Unternehmensmeldungen am Neuen Markt typischen Sprache abgefasst. Es handelt sich um einen Mix, bei dem Kürzel, Anglizismen und wimmelnde Zahlen miteinander verquirlt wurden, um eine Art von „New-Economy-Sprech", der für diese Zeit typisch war.

Am 15. Januar 2002 lief morgens um 7.44 Uhr eine Ad-hoc Meldung über die Ticker, mit der die ComROAD AG vorgab, im Geschäftsjahr 2001 den Umsatz um satte 114 Prozent gesteigert zu haben. Das klingt natürlich gut, zumal der Umsatz eines sehr gewinnträchtigen Geschäftsbereichs sogar um 265 Prozent gesteigert worden sein soll. Die Meldung lautete:[58]

> *ComROAD steigert den Umsatz im Geschäftsjahr 2001 um 114% auf EUR 93,6 Mio.*
>
> *Unterschleißheim, 15. Januar 2002 – Die ComROAD AG, weltweit führender Anbieter von Telematik-Netzwerken, hat im Geschäftsjahr 2001 einen Umsatz in Höhe von EUR 93,6 Millionen erzielt. Damit ist es ComROAD gelungen, die Umsätze trotz der allgemeinen Investitionsrückgänge nach den Terroranschlägen vom 11. September 2001 um 114% gegenüber dem*

[58] Nachzulesen unter <http://www.dgap.de/news/adhoc/comroad-deutsch_97_35650.htm> (Stand:17.09.2012).

Vorjahr zu erhöhen. Die Umsätze wurden zu 12% im Bereich GTTS Service-Zentralen, zu 78% im Bereich Fahrzeugendgeräte und zu 10% aus Lizenz- und Service-Einnahmen generiert. Mit 265% ist der sehr profitable Bereich "Lizenz- und Service-Einnahmen" überproportional gewachsen.

Zum 31.12.2001 waren Verträge mit 37 GTTS-Partnern zum Aufbau von 48 GTTS Servicezentralen unterzeichnet. Telematik-Dienste wie Offboard-Navigation, Location-Based-Services (Standort abhängige Informationen für Tankstellen, Hotels, Restaurants) Notfall-/Pannenhilfe und Flottenmanagement werden auf Basis der ComROAD GTTS-Technologie in mittlerweile 37 Ländern weltweit vermarktet.

Das Jahresergebnis wird ComROAD am 25. Februar 2002 bekannt geben.

Nun kann man mit fabelhaften Jahresergebnissen einem Aktienkurs nur einmal im Jahr Schwung geben. Damit das Feuer kräftig lodert, wurden neben Jahresergebnissen auch Quartalszahlen ad hoc publiziert. Sie waren natürlich auch phantastisch, euphorisierten den Markt und gaben dem Aktienkurs kräftig Schub. Eine solche Meldung vom 6. April 2001 lautete wie folgt:[59]

ComROAD übertrifft Planzahlen im ersten Quartal 2001

Unterschleißheim, 6. April 2001 – Die ComROAD AG (Neuer Markt: RD4), weltweit führender Anbieter von Telematik-Netzwerken, hat die Planzahlen für das erste Quartal des Geschäftsjahres 2001 übertroffen, die zuvor am 16. März angehoben worden waren.

Der Umsatz in Höhe von Euro 14,4 Mio.(Planumsatz Q1/2001 Euro 14,2 Mio.) liegt um mehr als 200% über dem Umsatz des entsprechenden Vorjahres-Zeitraums.

Die zur CeBIT 2001 vorgestellten Erweiterungen der GTTS (Global Transport Telematic System)-Technologie, das sprachgesteuerte Telematik-Portal "Voicecom" sowie der Telematik-Browser für PDAs (Personal Digital Assistant) des Anbieters Palm haben zum sehr guten Auftragseingang beigetragen.

Das endgültige Quartalsergebnis wird am 7. Mai 2001 bekannt gegeben.

In Zeiten euphorischer Börsen befeuern solche Meldungen die Aktienkurse. In den Kursen wird immer auch ein Stück Zukunft gehandelt. Die Anleger sind bereit, für eine Zukunftserwartung zu bezahlen. Rasant steigende Umsätze und Gewinne bei jungen Unternehmen verleiten Anleger noch heute dazu, im Verhältnis zum Gewinn bisweilen hohe Aktienkurse zu akzeptieren. Der Markt rechnet in gewisser Weise weiter, und wenn etwa Umsatz- oder Gewinnverdoppelungen tatsächlich anhalten,

59 Nachzulesen ist diese Ad-hoc-Mitteilung unter <http://www.dgap.de/news/adhoc/ad-hocservice-comroad-deutsch_97_24619.htm> (Stand: 17.09.2012).

kann eben der einst teure Kauf einer Aktie im Lauf der Zeit zum guten Investment werden. Es gibt ja mit Aktien wie Amazon oder Apple und später auch Google Beispiele dafür, dass diese Rechnung aufgehen kann.

Die Idee der Ad-hoc-Publizität ist richtig, wenn man das Ausnutzen von Insiderwissen verhindern will. Denn der Insider kann aus seinem Informationsvorsprung nur deswegen Kapital schlagen, weil er mehr weiß als die anderen. Die Ad-hoc-Publizität wurde jedoch völlig naiv in unser Recht implementiert. Sie erschien dem unerfahrenen Anleger seinerzeit wie eine Quasi-Verlautbarung der Börsenaufsicht.

Das Instrumentarium der Ad-hoc-Publizität wurde jedoch sehr früh für allerlei Meldungen missbraucht. Bereits im Jahr 1999 bemerkte die deutsche Börsenaufsicht (BAWe) in ihrem Jahresbericht:[60]

> *Eine Reihe von Emittenten nutzte die mit der gesetzlichen Veröffentlichungspflicht verbundene Aufmerksamkeit unter dem Stichwort „Ad-hoc-Mitteilung nach § 15 WpHG" ganz offensichtlich missbräuchlich für Zwecke außerhalb der Ad-hoc-Publizität. Sie konnten sich sicher sein, dass auf diese Weise selbst unbedeutendste Informationen oder Werbebotschaften über die elektronischen Medien direkt zu den Investoren, Händlern und Analysten gelangten. Die Öffentlichkeit ist gezwungen, die Nachricht zumindest zur Kenntnis zu nehmen; dies allein schon deshalb, um tatsächlich wichtige Informationen nicht zu verpassen.*

Man hatte die Ad-hoc-Publizität als Hebel entdeckt, um allerlei Meldungen zu verbreiten, bis hin zur Anpreisung neuer Produkte. Das allein war schon ein Missbrauch, aber schon im Jahresbericht 2000 der Börsenaufsicht deutete sich an, dass es keineswegs nur um Werbebotschaften ging:[61]

> *In einzelnen Fällen trat der Verdacht auf, dass Emittenten in ihren Ad-hoc-Mitteilungen publizitätspflichtige Tatsachen unrichtig darstellten. Behauptet beispielsweise ein Emittent, einen publizitätspflichtigen Großauftrag erhalten zu haben, dessen Umfang in Wirklichkeit geringer ausfiel, kann das BAWe eine Geldbuße in Höhe von bis zu drei Millionen DM verhängen. Da in Fällen dieser Art oft auch die Staatanwaltschaften wegen des Verdachts einer Straftat (...) ermitteln, leitet das Aufsichtsamt seine Erkenntnisse regelmäßig an diese weiter.*

In diesem Bericht deutet sich bereits an, was später zur Gewissheit wurde. Die Ad-hoc-Publizität diente als unfreiwilliger Tummelplatz unseriöser Unternehmensmeldungen und täuschender Angriffe auf das Vermögen von Anlegern. Sie wurden Opfer vollmundiger Versprechungen oder glatter Lügen. Einige Anleger lösten Sparbücher auf und fieberten „den neuen Quartalszahlen" entgegen, um ihr Geld in

[60] *BAWe*, Jahresbericht 1999, 28.

[61] *BAWe*, Jahresbericht 2000, 27.

solche Unternehmen zu investieren, und haben alles verloren. An alldem zeigt sich, wie vorsichtig man sein muss, wenn man die Koordinaten des Finanzmarkts ändert.

Aber noch einmal zurück zum Fall ComROAD: Dieser Bilanzskandal ist deshalb interessant, weil er nicht etwa durch Aufsichtsbehörden oder Wirtschaftsprüfer aufgedeckt wurde. Dann wäre wohl noch längere Zeit nichts passiert. Es war eine mutige und tapfere Journalistin. Sie heißt *Renate Daum*. Mit ihren Publikationen in der Fachpresse zweifelte sie das Zahlenwerk der ComROAD AG an und brachte das Lügengebäude zum Einsturz. Mutig ist diese Frau, weil sie den Fall auf eigene Faust recherchierte und immerhin bis nach Asien reiste, um dort die Adressen vermeintlicher Kunden der ComROAD AG abzuklappern, mit denen angeblich hohe Umsätze getätigt wurden. Tapfer ist diese Frau, weil sie dem juristischen Druck standhielt, der in diesem Fall auf sie ausgeübt wurde.[62]

2. Der Fall Infomatec

Als Kurstreiber dienten aber nicht nur geschönte Meldungen über Quartals- oder Jahresergebnisse. Der folgende Fall belegt, wie einzelne Geschäftsabschlüsse mit dem Stempel der Insiderinformation versehen und ad hoc publiziert worden. Auch hier sollte beim Anleger die Assoziation des künftigen Umsatz- und Gewinnwachstums geweckt werden. Es geht um die Aktien der Infomatec AG, die seit seit dem Sommer 1998 im Marktsegment „Neuer Markt" an der Frankfurter Börse gehandelt wurden.

Am 20. 5. 1999 meldete Infomatec Folgendes ad hoc:[63]

> *Infomatec AG: Millionen-Auftrag von MobilCom*
>
> *Größter Deal der Firmengeschichte: Augsburger Software-Konzern liefert zweitgrößtem netzunabhängigen Mobilfunkanbieter Surfstations und JNT-Lizenzen im Wert von ca. 55 Mio. DM […]*

Nach den späteren Feststellungen des Landgerichts Augsburg, die das Gericht in einem Strafverfahren traf,[64] soll zum Zeitpunkt dieser Meldung kein festes Auftragsvolumen über 55 Millionen DM existiert haben. Die MobilCom AG hatte danach mit der Infomatec AG lediglich einen Vertrag über 14.000 Surfstationen zum Preis von 550 DM abgeschlossen, was einem Auftragsvolumen von 7,7 Millionen

62 Siehe *Daum*, Phantompartnern in Asien auf der Spur, in: Schröder/Sethe, Kapitalmarktrecht und Pressefreiheit, S. 9 ff.

63 Nachzulesen ist diese Ad-hoc-Mitteilung unter <http://www.dgap.de/news/adhoc/ad-hocservice-infomatec-millionenauftrag_773_9124.htm> (Stand: 17.09.2012).

64 LG Augsburg, Urteil vom 27.11.2003 – 3 KLs 502 Js 127369/99, NStZ 2005, 109 ff.

DM entsprach. Darüber hinaus soll es nur unverbindliche Absichtserklärungen über mögliche Bestellungen in der Zukunft gegeben haben.

Nachdem Staatsanwalt und Kriminalpolizei Ermittlungen wegen dieser und ähnlicher Irreführung des Marktes aufgenommen hatten, war klar, dass die Täuschungen ans Tageslicht kommen würden. Daraufhin stieg einer der Täter aus und verkaufte innerhalb weniger Tage 39.450 seiner Infomatec-Aktien, um dem absehbaren Kursverfall zuvorzukommen. Zu dem Kurssturz kam es dann auch, als die Infomatec AG in einer Ad-hoc-Mitteilung den wahren Umfang des Geschäfts mit der MobilCom AG darlegte.

3. Die Ad-hoc-Publizität als Beispiel für gut gemeinte, aber schlecht implementierte Regulierung

Die Vorschriften über die Ad-hoc-Publizität waren gewiss gut gemeint. Man muss auch deutlich sagen, dass dieses Regelwerk in den zuvor genannten und anderen Fällen von Vorständen börsennotierter Aktiengesellschaften entgegen seinem Zweck, Anleger über anlagerelevante Umstände zu informieren, zur Täuschung missbraucht wurde. Die Verantwortung liegt in diesen Fällen in erster Linie bei diesen Tätern und nicht bei der EU oder inländischen Behörden.

Allerdings verschaffte die Regulierung des Marktes in Gestalt des Insiderrechts überhaupt erst die Möglichkeit zur Täuschung des breiten Marktes. Natürlich gab es schon immer Börsenspekulationen und Gerüchte, die unerfahrene Anleger in die Irre führen sollten. Aber Hand aufs Herz: Wen hätte es denn ohne den Hebel der Ad-hoc-Meldungen überhaupt interessiert, ob ein Unternehmen aus Unterschleißheim mit moderner Technik gute Umsätze erzielt?

Jedenfalls wären die Anleger sehr viel vorsichtiger gewesen und hätten nicht jede Ad-hoc-Meldung für bare Münze genommen. Wären die Quartals- und Jahreszahlen oder Geschäftsabschlüsse als erkennbare Eigenwerbung mittels Werbeprospekten, Zeitungs- oder Internetinseraten verbreitet worden, hätten die Anleger das sehr viel vorsichtiger gewürdigt.

Das kann man schon daran ersehen, dass es die Pflicht zur Ad-hoc-Meldung schon sehr viel früher gab. Im deutschen Recht war sie im Börsengesetz verankert und ging auf eine EWG-Richtlinie aus dem Jahr 1979 zurück.[65] Die Pflicht wurde jedoch kaum beachtet und fristete eher ein Schattendasein. Erst mit der Einführung des Insiderrechts und den im Zuge der Regulierung vernachlässigten Möglichkeiten

[65] Richtlinie 79/279/EWG des Rates vom 05.03.1979 zur Koordinierung der Bedingungen für die Zulassung von Wertpapieren zur amtlichen Notierung an einer Wertpapierbörse, ABl. L 66 vom 16.3.1979, 21 ff.

moderner Kommunikationsmittel (Internet), nahm das Ganze Fahrt auf. Ursprünglich sah das EU-Recht noch eine Publikation über Zeitungen vor, die in Deutschland auch als „Börsenpflichtblätter" bezeichnet werden. Das Internet hatte diese ursprüngliche Konzeption überrollt. Als man es als Medium zur Verbreitung der Ad-hoc-Meldungen zuließ, wurde das darin ruhende Gefahrenpotential offenbar übersehen.

Freilich gab es zur Jahrtausendwende im Zuge der Dotcom-Blase hinsichtlich neuer Technologien auch eine große Euphorie, die zu unvorsichtigen Entscheidungen führte. Richtig Schwung bekam das Ganze in Deutschland aber auch durch das von der EU initiierte Recht und der damit verbundenen Möglichkeit, Unternehmensnachrichten, die unter der Überschrift der Insiderinformation segeln und als Top-Nachricht gelten, ungefiltert dem breiten Publikum zugänglich zu machen.

Auch wenn der Zugang zu solchen Informationen eine gute Idee war, verlief die Umsetzung schlecht. Insbesondere war es ein schwerer Fehler, dieses System nicht mit scharfen Vorschriften hinsichtlich der Haftung für Falschinformationen zu begleiten. Das Strafrecht stellt in diesen Fällen nur ein sehr grobes Raster dar. Es taugt als Regulierungsmittel nur für die schweren Kriminalfälle. Wie schlecht das EU-Recht aufgesetzt war, zeigt sich insbesondere daran, dass es Anlegern noch heute schwerfällt, Täter im Wege des Schadensersatzes persönlich in die Haftung zu nehmen.

Die damals einschlägige EG-Richtlinie begründete die Einführung des Insiderrechts u. a. wie folgt:[66]

> *Das reibungslose Funktionieren dieses Marktes hängt weitgehend von dem Vertrauen der Anleger ab. Dieses Vertrauen beruht unter anderem auf der den Anlegern gegebenen Zusicherung, daß sie gleichgestellt sind und daß sie gegen die unrechtmässige Verwendung einer Insider-Information geschützt werden.*
>
> *Da die Insider-Geschäfte für bestimmte Anleger mit Vorteilen gegenüber anderen Anlegern verbunden sind, können sie dieses Vertrauen gefährden und somit das reibungslose Funktionieren des Marktes beeinträchtigen."*

Dem kann man nur zustimmen, allerdings ist zu ergänzen, dass der Missbrauch des Rechts der Ad-hoc-Publizität vor allem Vertrauen zerstört und sehr viel Vermögen vernichtet hat. Diese Folge war zwar nicht gewollt, trat aber ein. Daran zeigt sich einmal mehr, dass man Regulierung nicht als Selbstzweck begreifen und pauschal gutheißen darf.

Im Jahr 2004 wurden die Regeln über die Ad-hoc-Publizität modifiziert. Ihr Missbrauch zu Werbezwecken wurde verboten. Auch das Recht der Marktmanipulation

66 Richtlinie 89/592/EWG des Rates vom 13.11.1989 zur Koordinierung der Vorschriften betreffend Insider-Geschäfte, ABl. L 334 vom 18.11.1989, 30 ff.

und eine strafrechtliche Verfolgung einzelner Fälle führten in der Folgezeit jedenfalls an regulierten Märkten dazu, dass sich vieles besserte. Es handelte sich zwar um ein immer komplexer werdendes Rechtsgebiet, das sich jedoch in gewisser Weise konsolidierte. Das liegt auch an der deutschen Aufsichtsbehörde BaFin, die sich u. a. durch Leitfäden und andere Hilfen immer wieder darum bemüht hat, den Betroffenen im Dschungel der EU-Vorgaben eine gewisse Orientierung zu bieten.

In den börsennotierten Unternehmen und Banken wurden die Regeln über die Insidervergehen und Marktmanipulationen mit großem Aufwand implementiert. Zudem haben sich im Verlauf der Jahre auch Polizei und Justiz mit den Kapitalmarktdelikten vertraut gemacht. Über ein Jahrzehnt brauchte es, bis sich das neue Recht etabliert hatte.

Nun soll sich zwar nicht alles, aber doch wieder einmal einiges ändern, ohne dass die EU-Kommission dafür stichhaltige Gründe anführen könnte. Anhand dieses Rechtsgebiets lässt sich einmal mehr aufzeigen, welche Blüten der Regulierungsaktionismus der EU-Kommission mittlerweile treibt. Trotz eines jahrzehntelangen Trommelfeuers von immer wieder neuen EU-Vorgaben ist die EU-Kommission im Herbst des Jahres 2011 zu dem Ergebnis gekommen, dass man eigentlich einiges anders machen müsste.

4. Das neue Ziel der EU-Kommission: Neue Regeln gegen Insiderhandel und Marktmanipulation

Das Recht der Marktmanipulation und des Insiderrechts soll nunmehr nicht mehr im nationalen Recht der Mitgliedstaaten, sondern in weiten Teilen einer in allen Mitgliedstaaten einheitlich geltenden EU-Verordnung geregelt werden. Einmal mehr sollen also die Grundstrukturen eines Rechtsgebiets verändert werden, an dem seitens der EU seit über zwei Jahrzehnten mittels einer großen Anzahl an Richtlinien gebastelt wurde und das gerade im Begriff war, sich zu konsolidieren, Rechtssicherheit zu stiften und präventiv zu wirken.

Der neue Regelungskomplex soll aus zwei EU-Gesetzeswerken bestehen. Der Entwurf für eine EU-Verordnung über „Insider-Geschäfte und Marktmanipulation (Marktmissbrauch)“ umschreibt tatbestandliche Voraussetzungen von verbotenen Insiderhandlungen und Marktmanipulationen.[67] Dort wird dann zu lesen sein, welche Handlungen verboten sind. Der EU-Richtlinienentwurf „über strafrechtliche Sanktionen für Insider-Geschäfte und Marktmanipulation“ verpflichtet die Mitgliedstaaten, Verstöße gegen bestimmte Tatbestände aus der EU-Verordnung zu bestra-

[67] *EU*-Kommission, Vorschlag für Verordnung des Europäischen Parlaments und des Rates über Insider-Geschäfte und Marktmanipulation (Marktmissbrauch), 16 ff.

fen.[68] Diese Trennung geht darauf zurück, dass die EU keine Gesetzgebungskompetenz hat, um in den Mitgliedstaaten unmittelbar geltende Strafgesetze zu schaffen. Sie kann die Mitgliedstaaten nur verpflichten, entsprechende Gesetze zu schaffen. Allerdings kann sie das nur in engen Grenzen, und es wird sich sogleich zeigen, dass die EU für den hier interessierenden Fall gerade nicht die Kompetenz besitzt, strafrechtliche Regelungen verbindlich vorzuschreiben.

a) Der EU fehlt die erforderliche Gesetzgebungskompetenz

Zweifelhaft ist bereits, ob die EU überhaupt befugt ist, strafrechtliche Vorgaben für das Kapitalmarktstrafrecht zu treffen. Die EU-Kommission stützt ihr Vorhaben auf Artikel 83 Abs. 2 AEUV.[69] Dort geht es um bereits harmonisierte Bereiche der EU-Politik. Nach Artikel 83 Abs. 2 S. 1 AEUV kann die Union durch Richtlinien Mindestvorschriften für die Festlegung von Straftaten und Strafen auf einem Gebiet formulieren, auf dem die Angleichung des Strafrechts als unerlässlich für die wirksame Durchführung der Politik der Union erscheint. Man spricht in diesem Zusammenhang auch von der „Annexkompetenz“. Jedenfalls aus deutscher Sicht liegen deren Voraussetzungen aber nicht vor.

b) Stellungnahme des Bundesrats

Der Bundesrat hat das in einer Stellungnahme sehr gut zusammengefasst. Dort heißt es:[70]

> *Der vorgelegte Vorschlag für eine Richtlinie über strafrechtliche Sanktionen für Insider-Geschäfte und Marktmanipulation lässt sich nicht auf Artikel 83 Absatz 2 AEUV stützen.*

Genau auf diese Vorschrift stützt sich aber die EU-Kommission. Zur Begründung seiner Ansicht führt der Bundesrat zutreffend aus:

> *Nach dem in Artikel 5 Absatz 2 EUV normierten Grundsatz der begrenzten*
>
> *Einzelermächtigung darf die EU nur innerhalb der Grenzen der Zuständigkeiten tätig werden, die die Mitgliedstaaten ihr in den Verträgen zur Verwirklichung der darin niedergelegten Ziele übertragen haben. Artikel 83 Absatz 2 AEUV gestattet, durch Richtlinien Mindestvorschriften für die*

[68] *EU*-Kommission, Vorschlag für Richtlinie des Europäischen Parlaments und des Rates über strafrechtliche Sanktionen für Insider-Geschäfte und Marktmanipulation, 8 ff.

[69] *EU*-Kommission, Vorschlag für Richtlinie des Europäischen Parlaments und des Rates über strafrechtliche Sanktionen für Insider-Geschäfte und Marktmanipulation, 5.

[70] BR-Drucks. 646/11 vom 16.12.2011.

Festlegung von Straftaten und Strafen zu erlassen, wenn die Angleichung der strafrechtlichen Rechtsvorschriften unerlässlich ist für die wirksame Durchführung der Politik der Union auf einem Gebiet, auf dem bereits Harmonisierungsmaßnahmen erfolgt sind. Jeder auf Artikel 83 Absatz 2 AEUV basierende Legislativakt der EU muss demnach das Kriterium der Unerlässlichkeit erfüllen.

Das Bundesverfassungsgericht hat in seinem Urteil über das Zustimmungsgesetz zum Vertrag von Lissabon (BVerfG, Urteil vom 30. Juni 2009 - 2 BvE 2/08 u. a. -, NJW 2009, 2267) hierzu wörtlich ausgeführt: "Damit dieser Ausnahmetatbestand erfüllt ist und die Ermächtigung zur Strafgesetzgebung im Annex als übertragen angenommen werden kann, muss nachweisbar feststehen, dass ein gravierendes Vollzugsdefizit tatsächlich besteht und nur durch Strafandrohung beseitigt werden kann." Nur weil die Vorschrift des Artikels 83 Absatz 2 AEUV von ihrem Wortlaut her eng gefasst sei und mithin nur Raum für eine enge Auslegung der Annex-Kompetenz biete, hat das Bundesverfassungsgericht das Zustimmungsgesetz zum Vertrag von Lissabon als verfassungskonform angesehen. Anderenfalls erfolge mit der Annex-Kompetenz eine gravierende Ausdehnung der Zuständigkeit zur Strafrechtspflege, die mit dem Prinzip einer sachlich bestimmten und nur begrenzten Übertragung von Hoheitsrechten an sich ebenso wenig zu vereinbaren sei wie mit dem gebotenen Schutz des demokratisch an die Mehrheitsentscheidung des Volkes besonders rückgebundenen nationalen Gesetzgebers.

Es muss folglich nachgewiesen werden, dass die Wirksamkeit des EU-Rechts nur dadurch erreicht werden kann, dass die strafrechtlichen Regelungen der Mitgliedstaaten insgesamt mit einem Mindestmaß angeglichen werden. Vollzugsdefizite müssen gerade in den Mitgliedstaaten feststellbar sein, die in diesem Bereich über keine hinreichenden strafrechtlichen Vorschriften verfügen.

Das sind klare Worte des Bundesrates, denen Folgendes hinzuzufügen ist: Wenn die EU-Kommission meint, die Angleichung von strafrechtlichen Rechtsvorschriften sei unerlässlich für die wirksame Durchführung der Politik der Union, dann wandert der Blick zu dem zurück, der solche Forderungen erhebt. Es muss die Gegenfrage erlaubt sein, warum es solche Defizite in einem von der EU harmonisierten Rechtsgebiet überhaupt gibt. Das kann nämlich auch an verfehlten EU-Regelungen liegen. Das Strafrecht darf nicht dazu dienen, fehlgehende EU-Politik auch noch zu stützen.

Nicht die von der EU-Kommission angeregte Änderung des Rechts der Insiderstraftaten und der Marktmanipulation ist dringend. Zusehends dringender wird die Frage, ob es nicht EU-Regelungen sind, die zu den schweren Krisen beigetragen haben. Nochmals sei daran erinnert, dass sich unter der Geltung des europäisierten Kapitalmarktrechts in den Jahren 2001/2002 sowie 2007/2008 in historisch bedenklich kurzer Abfolge schwere Krisen abgespielt haben. Es ist im Gegensatz zu anderen

Rechtsordnungen nicht erkennbar, dass das europäisierte Bank- und Kapitalmarktrecht die Auswirkungen dieser Verwerfungen gemildert hat. Auf das zweifelhafte Gebaren der EU-Kommission im Zusammenhang mit der Euro- bzw. Staatsschuldenkrise sei hier nur noch der Vollständigkeit halber hingewiesen.

Aber noch einmal zurück zu der Stellungnahme des Bundesrats zu den Entwürfen der EU-Kommission. Darin legt der Bundesrat dar, warum nach seiner Auffassung das Kriterium der Unerlässlichkeit nicht vorliegt und damit die Voraussetzungen des „Lissabon-Urteils" nicht erfüllt werden. Wörtlich heißt es:

> *Diese Anforderungen des Artikels 83 Absatz 2 AEUV erfüllt der Richtlinienvorschlag nicht:*
>
> *- Er enthält keine Aussage zu der Frage, ob und warum EU-weite Mindeststandards für strafrechtliche Sanktionen unerlässlich sind für die Durchführung der Politik der Union, die schwersten Formen des Marktmissbrauchs zu verhindern.*
>
> *- Der vorgetragene Umstand, dass ein strafrechtliches Vorgehen der EU zur Behebung eines Problems beitragen oder sich im Hinblick auf ein Ziel positiv auswirken dürfte, begründet keine Unerlässlichkeit i. S. d. Artikels 83 Absatz 2 AEUV.*
>
> *- Gleiches gilt für den Hinweis auf die Unterschiede des Sanktionssystems in den einzelnen Mitgliedstaaten und auf die Gefahr von Tatortverlagerungen in Länder mit weniger strengen Sanktionsvorschriften. Es werden weder die konkreten Auswirkungen der unterschiedlichen Sanktionssysteme auf die Strafverfolgung wegen Marktmissbrauchs dargelegt noch wird konkret belegt, dass und mit welchen Folgen es zu Tatortverlagerungen kommt. Die rein theoretische Möglichkeit der Verlagerung von Tatorten ist kein Spezifikum des Finanzmarktmissbrauchs, sondern gilt für sämtliche Kriminalitätsfelder, in denen das Strafrecht der Mitgliedstaaten nicht voll angeglichen ist. Diese generelle theoretische Überlegung vermag folglich eine Unerlässlichkeit im Sinne des Artikels 83 Absatz 2 AEUV nicht zu belegen. Andernfalls würde zudem der Unterschied zwischen diesem Kompetenztitel und demjenigen nach Artikel 83 Absatz 1 AEUV eingeebnet: Letzterer lässt Mindestvorschriften der EU für bestimmte Kriminalitätsbereiche tatsächlich allein aufgrund ihrer besonderen grenzüberschreitenden Dimension zu, beschränkt dies aber auf einen Katalog konkreter Deliktsfelder, zu denen der Marktmissbrauch nicht gehört.*

Diese Ansicht des Bundesrats trifft zu. Man könnte noch auf zahlreiche Ungereimtheiten in den einzelnen EU-Regelungsvorschlägen hinweisen. Diese Einzelheiten des geplanten Regelwerks können und sollen an dieser Stelle nicht analysiert werden, man kann vor einer Umsetzung der Pläne der EU-Kommission aber nur warnen. Die Fachöffentlichkeit hat bereits auf einige Fehler in den Entwürfen der EU-Kommission hingewiesen, wobei schwerwiegende Probleme überhaupt noch nicht zur Sprache gekommen sind. Das ganze Regelwerk wird für den Fall seiner Umsetzung wieder einmal in einen überflüssigen Gesetzgebungsaktionismus münden, der an Europas Kapitalmärkten großen Schaden anrichten könnte.

Vielleicht meint die EU-Kommission, im Lichte der Finanzkrisen „irgendetwas machen" zu müssen, um den Eindruck zu vermitteln, dass sie die Ursachen der Krisen nun angeht. Das ist zwar nicht der Fall, weil das ganze Vorhaben mit den Ursachen der schweren Krisen nichts zu tun hat, aber das Strafrecht eignet sich eben gut, um den Eindruck zu vermitteln, dass endlich durchgegriffen wird. Außerdem bietet sich die Chance, in dem kompetenzrechtlichen Gerangel mit dem Bundesverfassungsgericht um die Frage, wie weit die Gesetzgebungskompetenz der EU auf dem Gebiet des Strafrechts geht, Punkte zu sammeln.

Wer will schon angesichts der öffentlichen Stimmung nach so schweren Krisen gegen strengeres Strafrecht auf dem Gebiet der Finanzmärkte seine Stimme erheben? Gerade deshalb ist es mutig und wichtig, dass der Deutsche Bundesrat so klar Stellung bezogen hat. Auch das ist eine gute Seite der chronifizierten Finanzkrise. Die ersten Institutionen sind nicht mehr bereit, sich um des lieben Friedens willen mit immer wieder neuen, sprachlich verquasten und inhaltlich heiklen EU-Regulierungsvorhaben zu arrangieren.

c) Rechtsausschuss des Deutschen Bundestages: Vorschlag der EU-Kommission verletzt fundamentale Grundprinzipien des Rechtsstaats

Das Vorhaben der EU-Kommission verletzt nach Auffassung des Deutschen Bundestages auch rechtsstaatliche Grundprinzipien.[71] Gemeint ist der Bestimmtheitsgrundsatz, der danach verlangt, die Voraussetzungen strafbaren Handelns hinreichend genau zu umschreiben.

Als besonders heikel muss eine Formulierung aus den Entwürfen der EU-Kommission gelten, nach der die Marktmanipulation u. a. durch folgende Handlungen erfüllt werden kann:

> *Abschluss eines Geschäfts, Erteilung eines Handelsauftrags und jegliche sonstige Handlung an Finanzmärkten, die unter Vorspiegelung falscher Tatsachen oder unter Verwendung sonstiger Kunstgriffe oder Formen der Täuschung den Kurs eines oder mehrerer Finanzinstrumente [...]*

Es soll dazu zwar weiter ausführendes Recht geben, aber was genau „sonstige Kunstgriffe oder Formen der Täuschung" sein sollen, sagt die EU-Kommission nicht.

Der Rechtsausschuss des Deutschen Bundestages führt dazu aus:

[71] BT-Drucks. 17/9770 vom 23.05.2012.

Strafrechtliche Sanktionen sind ultima ratio der Rechtsordnung und unterliegen aus guten Gründen besonderen rechtlichen Bindungen mit grundrechtlicher Qualität: Abschreckungs- und Warnfunktion des strafrechtlichen Tatbestandes können nur erfüllt werden, wenn er für die Adressaten klar abgrenzbar und für den Adressaten verständlich formuliert ist. Die Freiheit der Bürger ist nur dann ausreichend geschützt, wenn im Vorhinein bestimmbar ist, wie strafbares von straflosem Verhalten zu unterscheiden ist. Ansonsten droht eine Verletzung des Rechtssatzes „nulla poena sine lege certa", der nach Artikel 103 Absatz 2 GG, Artikel 7 Absatz 1 der Europäischen Menschenrechtskonvention und Artikel 49 Absatz 1 der Charta der Grundrechte der Europäischen Union Geltung beansprucht.

Ob der Entwurf der EU-Kommission tatsächlich gegen rechtsstaatliche Prinzipien verstößt oder im Wege einer restriktiven Auslegung noch zu retten ist, soll hier dahin stehen. Nach den Regeln des EU-Rechts muss im Zweifel der Europäische Gerichtshof darüber entscheiden. Dass der Entwurf aber rechtsstaatlich bedenkliche Passagen enthält, ist alarmierend. Immerhin handelt es sich um einen der ersten Versuche, das Strafrecht der Mitgliedstaaten anzugleichen. Auch an dieser Stelle ist das Ergebnis trostlos.

Nähere Aufmerksamkeit verdienen hingegen weitere Ausführungen des Rechtssausschusses, die endlich klar zum Ausdruck bringen, dass der Gesetzgebungsaktionismus der EU-Kommission eine Gefahr für Europas Finanzmärkte darstellt:

Nicht oder nur schwer bestimmbare Tatbestandsmerkmale strafrechtlicher Normen gefährden neben den Freiheitsrechten der Bürger auch die Funktionsfähigkeit und Effektivität der Kapitalmärkte. Nicht oder nur schwer bestimmbare Tatbestandsmerkmale sind geeignet, ein hohes Maß an Rechtsunsicherheit und Verunsicherung unter den Marktteilnehmern auszulösen. Das steigert Transaktionskosten und kann die Funktionstüchtigkeit und Liquidität der Finanzmärkte beeinträchtigen. Je mehr Rechtsunsicherheit konkrete Tatbestandsformulierungen zu verursachen geeignet sind, desto stärker befinden sie sich im Gegensatz zum eigentlichen Regelungsziel des Richtlinienvorschlags, nämlich die Funktionstüchtigkeit und Liquidität der Kapitalmärkte zu schützen.

Das trifft den Punkt. Wenn die Marktteilnehmer nicht mehr wissen, wo die Grenzen zum strafbaren Handeln verlaufen, wird Regulierung selbst zur Gefahr. Rechtsunsicherheit und Desorientierung hemmen wirtschaftliche Betätigung.

Die Entwürfe der EU-Kommission zur Marktmanipulation sind bedenklich, weil die Behörde es teilweise nicht mehr schafft, die Handlungen, die sie bestraft wissen will, so zu Papier zu bringen, dass der Vorschlag rechtsstaatlichen Anforderungen genügt. Es fragt sich auch, ob die EU-Kommission eine hinreichend klare Vorstellung von dem hat, was sie mittels des Strafrechts erfassen will.

Siebtes Kapitel

Alternativen

Der in vielen Diskussionen gebetsmühlenartig wiederholte Ruf nach internationaler Regulierung oder Sanktionen wird nicht weiterhelfen. In Wahrheit ist dieser Ruf Ausdruck tiefer Rat- und Hilflosigkeit. Damit setzt man auf die Fortschreibung dessen, was mittlerweile die EU in eine tiefe Krise geführt hat. Gute Regulierung durch die EU wurde nach jeder Krise versprochen. Das Ergebnis ist verheerend.

Es hilft auch nichts, ein Feuerwerk mit dem üblichen Vokabular abzubrennen. Niemand will mehr hören, dass Derivate undurchsichtig sind und Hedgefonds reguliert oder Leerverkäufe und Zweckgesellschaften verboten werden müssten. Die ständige Wiederholung dieser Forderungen verbessert nichts, sondern frustriert nur diejenigen Bürger, die sich an die elenden Regulierungsversprechen der Vergangenheit noch erinnern können.

Vielmehr bedarf es der Umkehr. Internationale Regulierung ist kein Übel, sie ist sogar geboten. Allerdings muss sie sich auf klar formulierte und justiziable Grundsätze beschränken, die dann auch keine Umgehung dulden. Im Detail einen an sich hehren Grundsatz wie den der Eigenkapitalunterlegung wieder so lange zu diskutieren und durch ausführende Vorschriften aufzuweichen, bis der Grundsatz teilweise relativiert ist, das muss der Vergangenheit angehören. Damit sind wir freilich noch nicht am Ziel, denn die Komplexität der Finanzgeschäfte und ihrer Märkte verlangt auch nach Detailregelungen. Diese weitere Ausführung der Grundsätze muss allerdings den einzelnen Staaten überlassen bleiben.

Wir müssen den Gedanken zulassen, uns von der internationalen Regulierung teilweise zu lösen – auch in Europa. Raus aus der Bemächtigungslage, hin zu freien Entscheidungen! Die Internationalisierung von Regulierungsmechanismen der Finanzmärkte ist nur horizontal zwecks Ausschaltung systemischer Risiken möglich, aber nicht mittels vertikal vertiefender Detailregelungen. Dort, wo es solcher Regelungen bedarf, kann man sich um internationale Regeln bemühen. Gelingt das nicht, muss das jeder Staat für sich entscheiden.

Ein positiver Effekt dessen wäre ein wünschenswerter Wettbewerb guter Regulierungsmodelle, der bisher durch zentrale Regulierung aus Brüssel erstickt wird. Zwar ist es den Mitgliedstaaten nicht durchweg verboten, die EU-Standards zu verschärfen. Allerdings taucht dann immer wieder die Frage auf, ob und inwieweit das Wettbewerbsrecht der EU und Regeln des Binnenmarkts verletzt werden. Man hat sich daher den ermüdenden EU-Vorgaben ergeben. Dafür gibt es in Deutschland sogar einen Begriff. Man spricht von der 1:1-Umsetzung. EU-Richtlinien werden also mehr oder weniger in die nationale Rechtsordnung gekippt, das war es dann auch schon. In den deutschen Ministerien bemühen sich die zuständigen Beamten bei der Beratung und Umsetzung von EU-Richtlinien zwar nach Kräften um halbwegs verständliche Gesetze. Angesichts der Flut von verunglückten EU-Vorgaben sind sie aber schlicht überfordert.

Dieser Automatismus internationaler Angleichung birgt auf dem Gebiet der Regulierung von Finanzmärkten die Gefahr, dass die Volkswirtschaften zahlreicher Staaten mit identischen Schwachstellen versehen werden. Dagegen können sich die Viren der Finanzmärkte nicht verbreiten, wenn sie in einzelnen Staaten durch individuelle Regulierung geblockt werden. Die Gefahr des Dominoeffekts, bei dem eine kollabierende Bank die nächste mitreißt, nimmt deutlich ab.

Dieses Modell bedingt allerdings auch, dass wir uns in Europa zumindest teilweise von der Idee eines möglichst einheitlich geregelten EU-Binnenmarkts lösen. Aber das ist dort kein Verlust, wo wir feststellen, dass uns ein Festhalten an einer Idee Schaden zufügt. Im Übrigen liegt die Stärke Europas ohnehin in seiner Vielfalt und der großen Kreativität und Vielseitigkeit der Europäer. Es gilt, dieser Freiheit neuen Raum zu geben.

1. Regulierung und Demokratie

Indes wird derjenige, der die Möglichkeit eines nationalen Alleingangs sieht, bisweilen als Gegner Europas hingestellt, oder man fuchtelt unter Berufung auf den EU-Binnenmarkt mit dem Europarecht herum und droht mit dem Europäischen Gerichtshof. Alles soll auf die intransparente Ebene internationaler Rechtsangleichung verlagert und dort gelöst werden.

Der in den Mitgliedstaaten gewählte Politiker hebt beide Hände als wäre ein Revolver auf ihn gerichtet. Diese Geste will sagen, dass man unschuldig und machtlos zugleich sei. Das ist in einer Demokratie bedenklich. In der Folge treffen sich internationale Gremien, und die EU-Kommission gibt einen ihrer Vorschläge zum Besten. Es folgt ein gähnend langer Anpassungsprozess, der in ermüdender Bürokratie mündet.

Besonders schlimm ist daran, dass diesen Mechanismen internationaler Angleichung ein nicht zu unterschätzender Kontrollverlust und ein beachtliches Demokratiedefizit innewohnen. Innerstaatlich handelt man nicht mehr, obwohl man meint, handeln zu müssen. Der einzelne Staat gibt einen Teil seiner Macht an internationale Instanzen ab, die mit Schönwetterlagen umgehen können, aber nicht in der Lage sind, auf Krisen und Fehlentwicklungen angemessen und schnell zu reagieren.

Die Folgen sind dramatischer, als es scheint. Sie zeigen sich als Zukunftsangst der Menschen und als Vertrauensverlust in die Politik und die Institutionen des Staates. Die immer wieder zu hörende Aussage, man könne nur international sinnvoll regulieren, fördert ein Gefühl der Ohnmacht, weil der einzelne Bürger erfährt, dass er auf die wirklich essentiellen Belange durch Wahlen keinen Einfluss mehr ausüben kann. Das erschüttert die Demokratie in ihrem Kern. Höchst bedenklich wird es, wenn die gewählte Regierung letztlich offenbart, aufgrund internationaler Bindungen gar nicht mehr handeln zu können. Die daraus folgende Frustration durchdringt nicht nur das politische Leben auf der großen Bühne, sondern sickert allmählich in die politischen Parteien ein, in denen politisch Interessierte aufgeben. Sie wenden sich ab.

Es hilft dem Bürger nichts, wenn er weiß, dass er zwar ein Parlament wählen und dadurch die politische Ausrichtung der Regierung mitbestimmen kann, die Regierung aber die den Bürger erschütternden Probleme gar nicht mehr angehen kann, weil sie an internationale Gremien weitergereicht werden (müssen). Damit zahlen insbesondere diejenigen Völker Europas, die Teil der EU sind und den Euro zu ihrer Währung erhoben haben, einen hohen Preis, der viel höher ist, als Zins und Tilgung für angehäufte Schulden ausfallen können. Die darin liegende Demütigung demokratischer Willensbildung und Tugenden vermittelt neben dem Gefühl der Ohnmacht auch das der Hoffnungslosigkeit und säht Misstrauen. Als Folge kündigt gerade der interessierte Bürger seinen Glauben an die Mechanismen demokratischer Willensbildung auf. Das ist eine schlimme und geradezu verheerende Folge der Europäisierung. Dieser Vertrauensverlust in den europäischen Prozess richtet in ganz Europa enormen Schaden an.

Wer das offen ausspricht, gilt als Antieuropäer oder jemand, der den Wert des europäischen Einigungsprozesses und seine den Frieden bewahrende Funktion nicht verstanden hat oder nicht zu schätzen weiß. Die in solchen Gedanken wiederum ruhende Arroganz und Missachtung eines naturalistischen Demokratieverständnisses im guten Sinne, das im Lichte der Verästelungen internationaler Politik im Einzelfall auch durchaus naiv anmuten mag, sich aber noch am Willen, den Ängsten und dem Empfinden der Menschen ausrichtet, sind höchst bedenklich. Auch die damit ungewollt offenbarte Eindimensionalität des Denkens solcher „EU-Demokratietechnokraten“ gibt zu großer Sorge Anlass. Denn sie wissen nicht mehr, was Demokratie ist. Europas Bürger spüren das sehr genau. Geht es so weiter, könnten die Menschen darauf reagieren, indem sie die EU abwählen, wo sie nur können. Und wenn sie feststellen, dass ihnen diese Möglichkeit verwehrt bleibt, dann könnten bei Wahlen in den Mitgliedstaaten europafeindliche Parteien Zuspruch erfahren. Das ist eine große Gefahr, denn wir brauchen Europa.

Die „EU-Demokratietechnokraten“ werfen anderen aber nicht nur mangelnde europäische Gesinnung vor, sondern bedienen sich sehr gern am nationalen Empfinden ausgerichteter Argumentationsmuster. Sie segeln unter der Fahne Europas, scheuen aber nicht davor zurück, argumentativ kurzerhand das Lager zu wechseln. Ganz typisch dafür ist in der aktuellen Eurokrise der Hinweis, dass Deutschland eine Exportnation sei, sehr viel in die EU-Staaten exportiere und der größte Gewinner des Euros sei. Damit werden rein national ausgerichtete Interessen als Argument bemüht. In der Sache ist dieses Argument ohnehin zweifelhaft, was sich schon daran zeigt, dass Deutschland bereits vor der Einführung des Euros beim Export ganz vorne lag. Mit einem Griff in die Trickkiste nationaler Rhetorik könnte man das Ganze sogar umdrehen und sagen, dass Deutschland unter der Herrschaft des Euros seine Rolle als Exportweltmeister verloren hat. Auch das wäre natürlich falsch und ebenso unfair, weil China einen Boom durchlaufen hat und in absoluten Exportzahlen Deutschland irgendwann überholen musste.

Es fehlt in der EU-Politik noch immer die Einsicht, dass man Demokratie nicht synthetisch erzeugen kann, indem man bekannte Institutionen aus funktionierenden Demokratien zusammenschraubt. In einer Entscheidung des Bundesverfassungsgerichts zum Vertrag von Maastricht findet man Sätze, mit denen das Gericht sehr gut darlegt, dass eine Demokratie kein technokratisches Gebilde darstellt, auch wenn Verfahrensabläufe wie die Gesetzgebung formalisiert sind. Dem vorgelagert benötigt man vorrechtliche Voraussetzungen, die das Gericht wie folgt umschreibt:

> *Demokratie, soll sie nicht lediglich formales Zurechnungsprinzip bleiben, ist vom Vorhandensein bestimmter vorrechtlicher Voraussetzungen abhängig, wie einer ständigen freien Auseinandersetzung zwischen sich begegnenden sozialen Kräften, Interessen und Ideen, in der sich auch politische Ziele klären und wandeln [...] und aus der heraus eine öffentliche Meinung den politischen Willen vorformt. Dazu gehört auch, daß die Entscheidungsverfahren der Hoheitsgewalt ausübenden Organe und die jeweils verfolgten politischen Zielvorstellungen allgemein sichtbar und verstehbar sind, und ebenso, daß der wahlberechtigte Bürger mit der Hoheitsgewalt, der er unterworfen ist, in seiner Sprache kommunizieren kann. Derartige tatsächliche Bedingungen können sich, soweit sie noch nicht bestehen, im Verlauf der Zeit im institutionellen Rahmen der Europäischen Union entwickeln. Eine solche Entwicklung hängt nicht zuletzt davon ab, daß die Ziele der Gemeinschaftsorgane und die Abläufe ihrer Entscheidungen in die Nationen vermittelt werden. Parteien, Verbände, Presse und Rundfunk sind sowohl Medium als auch Faktor dieses Vermittlungsprozesses, aus dem heraus sich eine öffentliche Meinung zu bilden vermag [...].*[72]

Das trifft den Punkt. Es genügt eben nicht, ein EU-Parlament zu installieren, wenn es die Menschen nicht als ihr Parlament empfinden. Demokratie ist kein „technokratisches Etwas" nach dem Motto: „Hauptsache, es kommt irgendwo auch ein Parlament drin vor."

Demokratie beruht auf einer Willensbildung, die sich durchaus auch mittelbar und repräsentativ über Parteien vollziehen kann. Das funktioniert etwa in Deutschland besser als viele glauben. Es mag einige Bürger durchaus ermüden, wenn über den

[72] BVerfG, Urteil vom 12.10.1993 – 2 BvR 2134/92, 2 BvR 2159/92, BVerfGE 89, 155 (185), abrufbar außerdem im Internet: <http://www.bverfg.de/entscheidungen/rs19980331_2bvr187797.html> (Stand: 17.09.2012).

Mindestlohn, Sozialgesetze (Hartz IV), Wehrpflicht oder Atomkraft diskutiert wird. Aber wir können Meinungen und Standpunkte den Parteien doch zuordnen und entsprechend wählen. In Europa funktioniert das noch nicht, obwohl der Vertrag von Lissabon vieles verbessert hat. Dieser Vorgang braucht eben Zeit. Europa muss endlich innehalten.

In den Ereignissen des Jahres 2011 liegt insoweit durchaus eine gewisse Tragik. Indem die Staatsschuldenkrise die Mitgliedstaaten reihenweise zur Aufkündigung früherer Versprechen zwingt, stellt sich in der Bevölkerung ein Gefühl der Ohnmacht ein. Obwohl der Vertrag von Lissabon anderes intendiert, erscheint Europa vielen Menschen nur noch als Verstrickung oder Fehler. Gerade deshalb ist es schlimm, dass die EU-Kommission nicht in sich kehrt, um sich auf die wichtigen Punkte zu konzentrieren. Stattdessen legt sie immer mehr verquere Konzepte vor, von denen in diesem Buch einige genannt wurden. Europa muss versuchen, die Euro- und Staatsschuldenkrise mit ganzer Kraft zu meistern und sich dann besinnen, wohin es eigentlich will.

2. Rückbesinnung auf die Stärken Europas

Diese Besinnung ist wichtig, weil sie die Chance bietet, die eigentlichen Stärken und Verdienste Europas wieder freizulegen und sichtbar zu machen. Die Stärken des europäischen Einigungsprozesses lagen ursprünglich darin, das Miteinander der Völker zu fördern. Die Europäische Union war lange Zeit das, was sie früher auch im Namen trug: Eine Europäische Wirtschaftsgemeinschaft (EWG). Ihre Politik zielte viele Jahre darauf ab, Behinderungen des freien Wirtschaftsverkehrs abzubauen. Das war ein mühsamer, aber ein guter Weg. Die EU stand zudem für Freiheitsrechte, die auch dem einzelnen EU-Bürger zugute kamen. Insbesondere das Recht eines jeden Bürgers, ohne Formalitäten in einen anderen EU-Staat reisen oder sich dort niederlassen zu können, muss als große Leistung gelten. Gleiches gilt für die friedensstiftende Wirkung der EU innerhalb Europas. Aber auch jenseits der EU hat sich deren koordinierte Außen- und Friedenspolitik um den Frieden verdient gemacht.

Um die Rechte des Einzelnen durchzusetzen, bedurfte es dessen, was Juristen als Vorrang des Europarechts bezeichnen. Soweit ein Staat mit seinen Gesetzen die von der EU dem Einzelnen verliehenen Rechte einschränkte, konnten Gesetze der Mitgliedstaaten im Einzelfall sogar unanwendbar werden. Das war ein richtiger Weg zur effektiven Durchsetzung von Freiheitsrechten.

Indes wurde in der Folgezeit manche Schraube überdreht. Entscheidend ist, dass sich die EU-Bürger und die Wirtschaftsteilnehmer in Europa frei betätigen, miteinander wirken und auch in Wettbewerb treten können. Das verlangt aber keineswegs, nationale Besonderheiten einzuebnen. Diese mögen zwar im Einzelfall den Marktzugang erschweren, europarechtlich ist aber nur das aus dem Weg zu räumen, was diesen Zugang grundsätzlich verhindert. Eine Gleichmacherei, die in einzelnen Staaten bewährte Strukturen aufbricht, um dem Dogma einheitlicher Wettbewerbsbedingungen zu genügen, führt nicht weiter. Entscheidend ist also, dass jedes Unternehmen und jeder EU-Bürger die ihm durch das EU-Recht verliehenen Freiheiten wahrnehmen kann. Darin lag und liegt die eigentliche Stärke des EU-Rechts.

Das klingt banal, dahinter wird jedoch ein wunderbarer Vorgang sichtbar. Die EU war zum Motor der Freiheit und der Völkerverständigung geworden, eines Miteinanders von Menschen aus völlig unterschiedlichen Regionen Europas. Heute erscheint das alles als selbstverständlich, aber das war es nicht. Gerade diese Selbstverständlichkeit zeigt im Lichte der Geschichte Europas, welche großen Verdienste der europäischen Idee zuzurechnen sind. Es sind verinnerlichte Freiheitsrechte, die zu uns gehören. Freiheitsrechte, die wir mit Griechen, Italienern oder Polen teilen möchten. Das ist ein großartiger Konsens, der letztlich auch die friedensstiftende Wirkung der EU erklärt, weil der Austausch und das Kennen anderer Völker und Regionen das Miteinander fördern. Die großen Probleme der EU in der Gegenwart haben mit dieser auf Freiheit zielenden Stoßrichtung nichts zu tun. Wir dürfen insbesondere nicht Gefahr laufen, nationale Barrieren zu errichten und errungene Freiheiten in der EU wieder einzuschränken.

Was uns ermüdet und den Prozess der europäischen Einigung frustriert, das ist ein schleichender Paradigmenwechsel. Heute weht viel zu oft ein anderer Wind, denn wir sprechen im Zusammenhang mit der EU über Regulierung, Grenzen und Verbote. Während die EU einst für die Abschaffung von Grenzkontrollen stand, steht sie heute für ermüdende Bürokratie und Reglementierungen. Der reizvolle und richtige Prozess der Annäherung ist zum regulatorischen Overkill mutiert. Teilweise waren Restriktionen notwendig, weil die von der EU verbürgten Freiheitsrechte auch missbraucht werden können. Allerdings fragt man sich viel zu selten, ob diese Regeln wirklich international bewerkstelligt werden müssen. So kehrte sich der einst spannende und reizvolle Prozess europäischer Angleichung um und verzettelte sich in kleinteilige Restriktionen. Das ist deshalb bedenklich, weil der Bürger diese Restriktionen Europa zurechnet. Sprachlich verquaste und verschachtelt undurchsichtige EU-Regelungen verstärken diesen Eindruck. Je mehr die EU auf diese Art reglementiert, umso mehr Menschen wenden sich von ihr ab.

Die Schwere der Finanzkrisen kann dazu verleiten, die Regulierungsschraube zu überdrehen. Die Akteure der Finanzmärkte treten jedoch in einen Wettbewerb mit anderen, die nicht an die EU-Regeln gebunden sind. Das allein darf freilich als sinnvoll erachtete Regeln nicht verhindern, denn das in der Vergangenheit immer wiederkehrende Argument vom Wettbewerbs- oder Standortnachteil trägt dann nicht, wenn es um Regeln geht, die unsere Wirtschaftsordnung vor schweren Verwerfungen schützen. Es trägt aber sehr wohl, wenn es um Regeln geht, die Angleichung als Selbstzweck verstehen. Solche Regeln sind geeignet, die Märkte und ihre Abläufe zu lähmen, und verursachen volkswirtschaftlich enorme Kosten.

Achtes Kapitel

Der Blick nach vorn

Es ist zu hoffen, dass die EU als politische Idee und auch Institution die Staatsschuldenkrise überlebt. Bis dahin sollte die EU-Gesetzgebung aber auf das Notwendigste beschränkt werden. Der Regulierungswahn muss enden.

Es ist keine Zeit der Enthaltsamkeit, denn das Ringen um den Euro und den Zusammenhalt Europas fordert Kraft genug. Dieses Ringen lohnt sich, denn der Euro hat nicht nur eine wirtschaftliche Funktion, weil er den Zahlungsverkehr in der EU erleichtert und so den Warenverkehr fördert. Dem Euro ist eine nicht zu unterschätzende Symbolkraft zuteil geworden. Er verkörpert den europäischen Einigungsprozess. Es ist gut, wenn Kinder Euromünzen in die Hand nehmen und raten, aus welchem Land die wohl kommen.

Es ist gut, dass der Euro Hemmschwellen bei Auslandsaufenthalten abbaut, weil man sich sicherer bewegt und fühlt, wenn man Preise ohne umständliche Umrechnung richtig einschätzen kann.

Es ist großartig, dass viele Menschen ihre Starter-Kits, also diese Plastiktütchen mit den ersten Münzen, noch immer in Schubladen verwahren und behalten wollen. Viele Bürger Europas haben dem Euro mehr Wertschätzung entgegengebracht als eine EU-Bürokratie, die aufziehende Gefahren viel zu lange verdeckt hat. Vielleicht hat sie die Gefahren auch nicht erkannt, das ist dann aber nur ein schwacher Trost und ruft danach, den Einfluss der Brüsseler Administration zu reduzieren.

Es ist nicht so, dass Europas Bürger die EU nicht wollen, und gerade deshalb geht es um sehr viel. Die Konzentration auf die Wiederherstellung funktionsfähiger Finanzmärkte und die Rettung des Euros fordert den Mitgliedstaaten alles ab. Sie haben das Heft in die Hand genommen, und dieser Schritt war richtig. Sie sollten diesen Einfluss aber nicht wieder zurückfahren.

Die EU braucht keine neuen Vorschläge zur detaillierten Regulierung des Finanzmarkts seitens der EU-Kommission. Die Zeit der Kakophonie muss enden. Der Begriff kommt aus dem Griechischen und meint Misstöne oder Querschläger in der Musik, die besonders schief klingen. Dieser Vergleich mag respektlos erscheinen, und in gewisser Weise ist er es auch und *soll* provozieren. Er gibt aber durchaus das Empfinden vieler Mitarbeiter in den Ministerien der Mitgliedstaaten oder Rechtsabteilungen von Kreditinstituten wieder. Man ist angesichts des nimmermüden EU-Gesetzgebungsaktionismus und der seit Jahren wachsenden Bürokratie, die wie eine Schlingpflanze nahezu jeden Arbeitsplatz in einem Kreditinstitut immer enger umrankt, schlichtweg erschöpft. Es muss eine Zeit der Konsolidierung kommen.

Sodann wird sich die Frage stellen, ob Europa einen Schritt in Richtung europäischer Staatlichkeit geht oder ein Modell der staatlichen Zusammenarbeit zwischen den Mitgliedstaaten wählt. Vieles spricht für die letztere Alternative. Der Weg Richtung Staatlichkeit wäre eine Herkulesaufgabe, für die es jedenfalls jetzt noch zu früh ist und die Europa einstweilen nicht stemmen kann. Der Weg der staatlichen Zusammenarbeit ist einfacher und liefert den besseren Beitrag für eine europäische Integration.

Das ist eine gute Seite der Finanzkrise, denn sie hat nicht nur die Unzulänglichkeiten der ermüdenden EU-Gesetzgebung aufgedeckt, sondern auch die Hilflosigkeit der EU-Institutionen. Brüssel ist nicht mehr der Ort des politischen Fortschritts, sondern zum europäischen Problem geworden. Aufgrund der Verdienste und der Geschichte der EU und des Bedürfnisses nach einer gewissen Koordination europäischer Politik sollten die Institutionen der EU auch weiterhin tätig bleiben. Handeln müssen fortan jedoch andere. Gefordert ist eine intensive Zusammenarbeit der Mitgliedstaaten, die auf EU-Vorschriften möglichst verzichtet. Die gemeinsame Plattform des EU-Rechts ist dort überholt, wo es um wichtige Fragen geht. In der Sache wurde das bei den Versuchen, die Schuldenkrise zu bewältigen, bereits praktiziert.

1. Stärkung der völkerrechtlichen Strukturen

Im Wege der staatlichen Zusammenarbeit kann auch die Eurokrise bewältigt werden. Der ESM-Vertrag ist besser als sein Ruf, denn es handelt sich um ein wirkliches Konzept zur Lösung der akuten Eurokrise. Inhaltlich kann man über einige Punkte streiten, wichtig ist aber der mit dem ESM-Vertrag unternommene Versuch, die EU-Staatsschuldenkrise zu lösen. Ob das gelingen wird, kann im Jahr 2012 niemand vorhersagen. Man sollte diesen Versuch aber aus zwei Gründen wohlwollend begleiten. Zum einen droht mit der Insolvenz einzelner Mitgliedstaaten eine neue Bankenkrise auszubrechen. Zum anderen ist es die politische Idee eines einigen und friedlichen Europas wert, den gemeinsamen Kraftakt zu wagen. Die Alternative besteht darin, dass einzelne Staaten kollabieren und Europa politisch auseinander fallen könnte.

Allerdings ist der Versuch kein Selbstzweck, der ESM-Vertrag darf nicht nur dazu dienen, Zeit zu gewinnen. Er muss auch Erfolge zeigen. Den Dreh- und Angelpunkt bilden Haushaltsdisziplin und Verschuldung der Mitgliedstaaten. Nur so werden Staatsanleihen der EU-Mitgliedstaaten eines Tages wieder als sicherer Hafen gelten können. Die Kontrollen der Defizite der Euro-Staaten sollten aus dem Verantwortungsbereich der EU-Kommission herausgelöst werden. Notwendig ist eine direkte, konzentrierte und vertrauensvolle Zusammenarbeit von Spitzenbeamten aus den Ministerien der Mitgliedstaaten. Der ESM-Vertrag beschreitet diesen Weg zwar, aber nur halbherzig. Die EU-Kommission soll dafür zuständig sein, mit einem Mitgliedstaat, dem Hilfsmittel zugesagt werden sollen, ein „Memorandum of Unterstanding" auszuhandeln, wobei die Entscheidungsmacht allerdings bei den Mitgliedstaaten (Gouverneursrat) verbleibt. Allein die Mitwirkung der EU-Kommission lässt Zweifel an der Tragfähigkeit des Konzepts aufkommen. Beruhigend ist jedoch, dass der ESM-Vertrag eine Zusammenarbeit der EU-Kommission mit dem Internationalen Währungsfonds (IWF) vorsieht, weil der IWF über entsprechende Erfahrungen verfügt.

Das im Sommer des Jahres 2012 seitens der EZB abgegebene Versprechen, notfalls auch Staatsanleihen aufzukaufen, ist in diesem Zusammenhang zweischneidig. Der Kauf von Staatsanleihen dürfte insbesondere dann in Betracht kommen, wenn das Haftungslimit des ESM erschöpft ist. Soweit dieser Fall eintritt, droht eine noch tiefere Verstrickung. Der Kontrollverlust in der EU würde nochmals verstärkt, denn wenn die ESM-Mittel erst einmal verfrühstückt sind, wird es allein aufgrund der Höhe der in Rede stehenden Schulden immer gefährlicher, einen der Schuldenstaaten fallen zu lassen. In der Logik der EU-Politik müssten dann die ESM-Mittel immer weiter aufgebläht werden oder die EZB kauft Staatsanleihen, die am Markt niemand mehr haben will. Damit würde freilich das Haftungslimit des ESM aus den Angeln gehoben. Die noch starken Staaten müssten letztlich für eine solche EZB-Politik einstehen und würden für den Fall, dass sich ein Kauf von maroden Staatsanleihen durch die EZB etabliert, endgültig in einen nicht mehr zu kontrollierenden Strudel geraten.

Der Präsident der EU-Kommission, Herr Barroso, versicherte dazu im Spätsommer des Jahres 2012:[73]

> *Wir glauben als Kommission, dass die Zentralbank im Rahmen ihres Mandates handelt. Wenn die Integrität der Geldpolitik gestört ist, muss die EZB sie wiederherstellen. Sollte sie ihr Mandat überschreiten, werden wir als Kommission die Ersten sein, die dagegen vor dem Europäischen Gerichtshof klagen, damit die Verträge respektiert werden. Das ist unsere Pflicht.*

Nun ja, was die Verträge und die Pflichten der EU-Kommission als „Hüterin der Verträge" angeht, wurden in Buch bereits Fakten präsentiert, über die sich der Leser eine eigene Meinung bilden mag. An dieser Stelle wäre es aber interessant zu wissen, wo denn für die EU-Kommission die Grenze verläuft, deren Überschreiten eine Klage vor dem Europäischen Gerichtshof auslösen würde. Soll das unklar bleiben?

Sollen Insolvenzverschleppung und Verstrickung immer weitergehen? Die EU-Kommission muss darlegen, wo für sie das EZB-Mandat endet. Das schuldet sie den Bürgern Europas. Sie muss Farbe bekennen und erläutern, welchen Inhalt die Verträge nach ihrer Meinung an dieser Stelle haben. Die Rolle als „Hüterin der Verträge" wäre gründlich missverstanden, wenn es im Belieben der EU-Kommission stehen soll, wann sie gegen Anleihekäufe der EZB einzuschreiten gedenkt.

73 *Frankenberger/Gutschker,* Frankfurter Allgemeine Sonntagszeitung vom 16.09.2012.

In der Rhetorik der „EU-Demokratietechnokraten" wäre dagegen einzuwenden, dass man diese Grenze nicht beschreiben darf, alles geheim bleiben muss, weil sonst „die Märkte" dagegen spekulieren. Das hat dann schon etwas Unheimliches, weil man sich so jeder demokratisch legitimierten Rückbindung entzieht. Allerdings ist zu vermuten, dass es bezüglich der von Herrn Barroso angesprochenen Mandatsüberschreitung seitens der EZB innerhalb der EU-Kommission ohnehin keine Vorstellung darüber gibt, wo diese Grenze konkret verlaufen soll.

Die EU-Institutionen taumeln eben ohne Konzept und innere Instanz durch die Staatsschuldenkrise. Man darf gespannt sein, ob das Bundesverfassungsgericht das noch mitmacht. Denn die Karlsruher Richter haben sich im September 2012 bei ihrer Entscheidung zum ESM-Vertrag vorbehalten, die EZB-Käufe noch näher zu untersuchen. Das müssen sie auch, denn unbegrenzte Käufe von Staatsanleihen seitens der EZB sind geeignet, Deutschlands Haftung über die in dem ESM-Vertrag verfügten Grenzen hinaus unkontrolliert auszuweiten.

Nach den Geschehnissen der letzten Jahre kann man auch nicht mehr darauf vertrauen, dass die EU-Kommission vor dem Europäischen Gerichtshof für den Fall, dass die EZB ungezügelt Staatsanleihen aufkauft, tatsächlich klagen würde. Angesichts der Dauer solcher Verfahren vor dem Europäischen Gerichtshof fragt man sich ohnehin, wie sich der Präsident der EU-Kommission das Ganze eigentlich vorstellt. Aber selbst dann, wenn ein solches Verfahren gleich dem einstweiligen Rechtsschutz schnell vonstatten gehen könnte, ist es geradezu naiv zu glauben, dass die EU-Institutionen in der Lage sind, einen solchen Konflikt zu lösen. Der Verweis des Präsidenten der EU-Kommission auf die Möglichkeit eines solchen Gerichtsverfahrens überzeugt nicht. Man fragt sich auch, ob man ihm tatsächlich glauben soll, dass die EU-Kommission dann, wenn die Krise weiter eskaliert und die EZB Staatsanleihen aufsaugt, als „Hüterin der Verträge" tätig wird.

Aus alldem folgt nur eine Konsequenz. Auch die Regeln der EZB-Politik müssen insoweit völkerrechtliche Strukturen erhalten, damit jeder Staat über das Ausmaß seiner Haftung selbst bestimmen und Höchstgrenzen vorsehen kann.

2. Das Rad nicht neu erfinden

Die Mitgliedstaaten können ihre Zusammenarbeit in weiteren Punkten durchaus auf dem Erreichten aufbauen. Der Status Quo europäischer Regeln ist zwar nicht gut, aber noch schlimmer wäre es, das Rad neu erfinden zu wollen. Wer alles anders machen will, läuft Gefahr, eine neue Regelungslawine loszutreten. Europa braucht vieles, aber gewiss keine Flut neuer Gesetze. Wo sich eine im Grundsatz gute Praxis etabliert hat, ist es besser, eine nicht ganz perfekte Regelung so zu belassen, um die erreichte Konsolidierung und Rechtssicherheit nicht wieder zu gefährden. Europa muss raus aus dem Hamsterrad ständig neuer Regelungen. Wenn man an einer Straßenkreuzung immer wieder die Verkehrsregeln ändert, sorgt man anfangs für höhere Unfallzahlen, später für Desorientierung und schließlich für Stillstand. Das sollten alle bedenken, die in Europa auf die Fortsetzung des EU-Regelungsaktionismus setzen.

3. Kernbereiche internationaler Regulierung

Allerdings hat sich an den Finanzmärkten eben noch nicht in jeder Hinsicht eine gute Praxis etabliert, und infolge der Erfahrungen der letzten Jahre besteht Regulierungsbedarf, den die EU trotz aller Versprechen nicht bewältigt hat. Bevor dieser Regulierungsbedarf nachfolgend skizziert wird, sei zu dem prinzipiellen Vorgehen angemerkt, dass es um Grundsätze und nicht um kleinteilige Regulierung gehen muss.

Es geht darum, die großen Gefahrenquellen international zu erkennen und zu eliminieren. Wenn sich Regulierung im Detail verzettelt, kommt es zu einem Verhalten, vor dem die Fabel von dem Hasen und dem Igel warnt. Der Gesetzgeber jagt von einer Gesetzesnovelle zur nächsten, um erkannte Lücken zu schließen. Neue Regeln, neue Lücken. Das Spiel beginnt immer wieder von vorn. Wichtig sind die grundsätzlichen Spielregeln, die das Aufreißen immer neuer Lücken oder Umgehungsstrategien verhindern.

Internationale und auch europäische Regulierung muss sich auf geronnene Erkenntnisse hinsichtlich der großen Gefahrenherde konzentrieren. In dieser Beschränkung liegt die Chance allseitiger Akzeptanz. Die immer wieder gemachte Erfahrung, dass große Vorhaben letztlich leer liefen, weil sich einzelne Staaten gegen die Verabschiedung entsprechender Regeln sträubten, schwebt über jedem Versuch, die Dinge im Detail zu reglementieren.

Der Widerstand einzelner Staaten mag mitunter nationalen Interessen geschuldet sein. Man kennt das aus anderen Bereichen internationaler Politik. Bei dem Umweltabkommen von Kyoto, das durch die fehlende Ratifizierung durch die USA geschwächt wurde, spricht einiges dafür. Allerdings gibt es für Widerstände oft auch Gründe, die in der Tradition und dem Selbstverständnis eines Landes wurzeln. Je engmaschiger eine Regulierung wird, umso eher besteht die Gefahr, solche Punkte zu berühren. Darin ruht eine Gefährdung des gesamten Vorhabens. Es kann dazu kommen, dass sich einzelne Staaten aus dem Vorhaben verabschieden oder solange um die Formulierungen feilschen, bis wieder einmal neue Ausnahmen und Lücken entstehen. Die Tüftler aus den Finanzlaboren stehen dann schon bereit.

Das Denken in Grundsätzen beugt auch der Gefahr vor, dass Regulierung nur den Fehlern von gestern hinterjagt. Um es am Beispiel der ABS-Krise zu verdeutlichen. Wir haben gelernt, dass Kredite zu lässig vergeben werden können, wenn schon bei der Kreditvergabe die alsbaldige Abtretung des Kredits feststeht. Das hat den Effekt der „heißen Kartoffel“, die weitergereicht wird, weil man sich an ihr nicht selbst die Finger verbrennen will. Darauf wurde teilweise reagiert, indem ein gewisser Selbstbehalt der ursprünglich kreditgebenden Bank vorgeschrieben wurde. So behält die Bank ein Interesse an der Werthaltigkeit vergebener Kredite. Das ist keine schlechte Idee, die aber das Regulierungsproblem nicht löst. Es ist Flickschusterei, die sich an der Vergangenheit ausrichtet. Auch das ist erforderlich, weil man aus Fehlern lernen muss, aber nicht die Aufgabe internationaler Regulierung. Es ist sogar unwahrscheinlich, dass an einer solchen Stelle alsbald neue Gefahren entstehen, weil der Markt selbst diese Risiken infolge der ABS-Krise scheut.

Regulierung sollte als vorausschauende Gefahrenabwehr verstanden werden. Es geht um Prävention. Dabei sind auch Fehler und Schwachstellen der Vergangenheit zu verarbeiten, aber das können einzelne Staaten sehr oft besser. Über die Grenzen von Mitgliedstaaten hinweg sollte es um Prävention gehen, die uns möglichst auch vor Risiken schützt, die wir im Einzelnen noch nicht kennen. Und gerade weil wir sie nicht kennen, können wir sie auch nicht durch einzelne Regeln umschreiben und ausschalten. Um welche Punkte es dabei geht, wird nachfolgend beschrieben, wobei anzumerken ist, dass es zu einigen Punkten bereits durchaus hoffnungsvolle Gesetzesinitiativen gab.

a) Eigenkapitalunterlegung

Als ein zentrales Problem der Verflechtung internationaler Finanzmärkte hat sich die Insolvenzgefahr erwiesen. Die Befürchtung der Banken, verliehenes Geld nicht zurück zu erhalten, war und ist ein Grund für schwindendes Vertrauen bis hin zur Bunkermentalität. Dem Motor der Finanzmärkte fehlt dann die Schmiere, und die Bereitschaft zur Vergabe von Krediten sinkt. Insolvenzrisiken können jedoch mit dem Grundsatz der Eigenkapitalunterlegung eingefangen werden.

Aber eben nur mit einem wirklichen Grundsatz, der justiziabel sein muss, notfalls auch vor den Gerichten. Die Aufsichtsbehörden müssen gegenüber jeder Bank imstande sein, auf einem Grundsatz zu beharren, der praktikabel und nachvollziehbar ist. Dagegen werden sich Banken nach den schweren Verwerfungen der letzten Jahre auch nicht stemmen. Im zweiten Kapitel dieses Buches haben wir am Beispiel der ABCP-Schattenbanken gesehen, dass es dabei keineswegs nur darum geht, dass einzelne Kreditinstitute genug Speck auf den Rippen haben, sondern dass der Grundsatz der Eigenkapitalunterlegung zudem gut geeignet ist, Spekulationsexzessen entgegen zu wirken.

Dort, wo der Grundsatz der Eigenkapitalunterlegung nach Ausnahmen verlangt, muss gegenüber der Bankenaufsicht Transparenz herrschen. Will ein Kreditinstitut mit einem Geschäftsmodell von diesem Grundsatz abweichen, bietet sich die aufsichtsrechtliche Erlaubnis als Steuerungsinstrument an. Ein solcher Mechanismus hätte im Fall der ABCP-Schattenbanken den Aufsichtsbehörden wichtige Erkenntnisse verschafft und große Schäden abgewendet.

b) Systemgefährdende Handelspraktiken

Jenseits dessen ist zu prüfen, inwieweit einzelne Handelspraktiken systemgefährdend wirken können. Der computerunterstützte Hochfrequenzhandel gehört hierher. Soweit in einzelnen Märkten damit große Risiken erzeugt werden können, müssen solche Geschäfte untersagt oder etwa durch Transaktionskosten unattraktiv gemacht werden. Millisekundenschneller Handel lohnt sich nicht, wenn jede Transaktion eine Steuer auslöst.

Die immer wieder verteufelten Leerverkäufe sind hingegen in ihrer klassischen Form nicht systemgefährdend. Klassisch meint hier den Leerverkauf im laufenden Börsenhandel, der am gleichen Tag oder am Tag darauf einzudecken ist. Leerverkäufer erscheinen mittlerweile als die Hütchenspieler der Finanzmärkte. Irgendwie schiebt der Leerverkäufer etwas hin und her, das er gar nicht hat, um am Ende auch noch zu gewinnen. Das kennen wir doch aus den Fußgängerzonen in früheren Jahren. Das war Betrug, alles manipuliert.

Der Leerverkauf ist jedoch nicht anderes als die Veräußerung einer Sache, über die man im Zeitpunkt des Verkaufs noch nicht verfügen kann, weil man sie schlicht und einfach nicht hat. Das kommt tagtäglich vor. Autohändler verkaufen Neuwagen, die es noch gar nicht gibt. Andere schließen Verträge über Einbauküchen, die erst noch angefertigt werden müssen. Es ist unserer Wirtschaftsordnung keineswegs fremd, Sachen zu verkaufen, über die man im Zeitpunkt des Vertragsschlusses noch nicht verfügen kann.

Das geht eben auch mit Aktien oder sonstigen Wertpapieren und Derivaten. Man versteht das besonders gut anhand eines Beispiels: Unterstellt sei, dass der Börsenpreis der X-Aktie morgens um 9 Uhr zum Börsenstart bei 20 € notiert. Ein Aktienhändler erwartet, dass der Kurs fallen wird. Deshalb verkauft er einfach 1.000 Aktien, die er nicht hat, zu 20 €. Dieses Geschäft muss er aber noch erfüllen, also die Aktien liefern. Liegt er richtig und der Kurs der Aktie fällt tatsächlich, dann kann er z. B. gegen 14 Uhr die Aktien zu 18 € kaufen. Damit hat er sich eingedeckt und kann seiner Lieferverpflichtung nachkommen. Das ist indes ein heikles Unterfangen, denn wenn der Aktienkurs steigt, muss er sich zu höheren Preisen eindecken. Dann entsteht ein Verlust. Liegen Leerverkäufer so richtig schief, dann nennt man das Short-Squeeze. Theoretisch bestehen an dieser Stelle sogar Insolvenzgefahren, die wiederum niemanden stören, weil man es einem dieser Leerverkäufer gönnt, dass er sich mit einem Geschäft verhebt.

Der Leerverkauf ist also spekulativ, aber jenseits der Insolvenzgefahren, die man durch Sicherheitsleistungen ausschalten kann, nicht grundsätzlich systemgefährdend. Das liegt schlicht daran, dass Leerverkäufe „unter dem Strich" für die Börsenpreisbildung (zeitversetzt) weitgehend neutral sind. Das kann auch nicht überraschen, weil auf den ursprünglichen Verkauf immer ein späterer Kauf folgen muss.

Gefährlich sind Leerverkäufe erst dann, wenn sie nicht mit hinreichenden Sicherheiten unterlegt werden oder über einen längeren Zeitraum in dem Sinne stattfinden, dass das Eindeckungs- bzw. Rückkaufgeschäft erst wesentlich später erfolgt. In diesem Fall ist es nämlich möglich, einen Aktienkurs durch massive Leerverkäufe über einen längeren Zeitraum zu drücken. Das ist gefährlich, weil Gerüchte aufkommen und andere Anleger auch zum Verkauf verleitet werden und z. B. eine Kapitalerhöhung der von den Leerverkäufen betroffenen Aktiengesellschaft scheitern kann. Werden zeitlich gestreckte Leerverkäufe in einem größeren Umfang vorgenommen, können sie Stopp-Loss-Orders anderer Marktteilnehmer auslösen, was den Abwärtssog verstärkt.

An dieser Stelle hilft insbesondere Transparenz. Bei einer rigorosen und öffentlich zugänglichen Meldepflicht aller Leerverkaufspositionen weiß der Markt nämlich, dass ein Kurs infolge von Leerverkäufen gefallen ist. Da sich aber der Leerverkäufer auch beim zeitlich gestreckten Leerverkauf früher oder später wieder eindecken muss, eilen ihm andere in der Erwartung dieser Nachfrage voraus. Der Kurs fällt nicht weiter, er dreht. Der Markt beaufsichtigt sich bei voller Transparenz selbst.

Ein Vorteil von Leerverkäufen besteht darin, dass sie den laufenden Handel liquider machen. Indem sich diese Spekulanten in einem Markt betätigen, finden außenstehende Anleger schneller einen Partner, der ihren An- oder Verkaufswunsch erfüllt. Man kann darüber streiten, ob man solche Handelsmethoden wirklich braucht. Gewiss nicht unbedingt, aber systemgefährdend sind Leerverkäufe solange nicht, wie gewährleistet ist, dass die daraus erwachsenden Verpflichtungen erfüllt werden. Gerade das ist beim Leerverkauf von Derivaten ein wunder Punkt, weil sich Verlustrisiken infolge der Hebelwirkung sehr schnell ausweiten können. In diesem Fall müssen Sicherheitsleistungen ausnahmslos dynamisch angepasst werden. Kann keine Sicherheit gestellt werden, muss die Leerverkaufsposition zwangsweise und automatisch aufgelöst werden.

Eine weitere Gefahr von Leerverkäufen liegt in ihrem Erpressungspotential gegenüber börsennotierten Gesellschaften. So ist es möglich, durch massive Leerverkäufe eine Kapitalerhöhung zu torpedieren. Insbesondere Hedgefonds haben eine gewisse Neigung, solche Grenzen auszutesten. Wenn der Bezugspreis für junge Aktien nur knapp unter dem Preis liegt, zu dem die Altaktien gehandelt werden, dann können Leerverkäufe dafür sorgen, dass der Preis der Altaktien so gedrückt wird, dass die Kapitalerhöhung vom Markt nicht mehr aufgenommen wird. Das hat einen simplen Grund: Niemand kauft die jungen Aktien, wenn die alten preiswerter zu haben sind. Das ist nichts anderes als eine Beeinträchtigung der Funktionsfähigkeit von Kapitalmärkten, weil die Funktion der Allokation von Kapital ausgehebelt wird.

c) Zertifikate

Zertifikate sind im Verlauf der systemischen Finanzkrise durch die Insolvenz der Investmentbank Lehman Brothers in Verruf geraten. Die Diskussion um diese Wertpapiergattung verläuft nicht glücklich. Bei Zertifikaten handelt es sich um Schuldverschreibungen, die der Anleger erwirbt und deren Vertragsbedingungen vorsehen, dass der Käufer eines solchen Papiers an positiven oder negativen Änderungen einer Bezugsgröße partizipiert, die auch als Basiswert bezeichnet wird. Die Bezugsgröße kann aus einzelnen Aktien, Rohstoffen oder auch Aktienindizes wie dem Deutschen Aktienindex (DAX) bestehen. Typisch für diese Wertpapiere ist die Aussicht auf eine im Vergleich mit sonstigen Anleihen attraktive Verzinsung. Im Fall der Lehman-Zertifikate hat sich eigentlich „nur" das bei jeder Anleihe vorhandene Insolvenzrisiko verwirklicht. Wenn derjenige, der ein Wertpapier gegen ein Zinsversprechen ausgibt, während der Laufzeit in die Pleite rutscht, dann gibt es eben jenseits einer etwaigen Insolvenzquote nichts zurück.

Medien berichteten ausführlich über diese Pleite. Man sah Lehman-Mitarbeiter, die ihre Sachen in Pappkartons gepackt hatten und ihren Arbeitsplatz räumten. In Deutschland wurden vor allem Kunden der früheren Citibank präsentiert, denen man Lehman-Zertifikate verkauft hatte, die wertlos geworden waren. Alles schlimm und tragisch, aber diese Diskussion trifft nicht die Problematik der Zertifikate. Der Fall Lehman dreht sich nämlich weniger um die eigentliche Problematik der Zertifikate, sondern spiegelt das allgemeine Insolvenzrisiko von Banken.

Das spezifische Risiko von Zertifikaten liegt woanders. In den letzten Jahren kam es unter der Überschrift „Zertifikat" zur Verbriefung von Optionsrisiken. Das ist schon deshalb ein zweifelhafter Vorgang, weil der Begriff „Zertifikat" Seriosität suggeriert. Anfangs war das auch oft der Fall, allerdings wurden zunehmend nicht nur Risiken des Optionsmarkts verbrieft, sondern mitunter sogar potentiert. Es wurden etwa sogenannte „Bonus-Zertifikate" verkauft, die für den Fall, dass der Aktienindex DAX binnen zwölf Monaten stagniert oder steigt, dem Erwerber des Bonus-Zertifikats einen Festzins (z. B. 9 Prozent) in Aussicht stellten, der deutlich über dem Marktzins lag. Das klingt vielversprechend, allerdings hatten diese Zertifikate einen Haken. Für den Fall starker Kursverluste sahen sie einen Rückzahlungsbetrag vor, der sich proportional an der Entwicklung des DAX ausrichtete. Wer also vor dem Ausbruch der Finanzkrise im Frühjahr des Jahres 2007 bei einem Indexstand von 8.000 Punkten ein solches Papier erwarb, bekam nach einem Rückgang des Index auf 4.000 Punkte nur noch 50% seines eingesetzten Kapitals zurück. Der Rest war verloren, der Bonus gestrichen.

Eine derartige Konstruktion ist latent irreführend, weil ein entscheidender Unterschied zur klassischen Schuldverschreibung besteht. Die Rückzahlung des Kaufpreises erfolgt nämlich nicht zu 100% des eingesetzten Geldes, also zu pari. Vielmehr steht die Rückzahlungshöhe unter eine variablen Bedingung, die sich am Aktienmarkt orientiert. Der durchschnittliche Privatanleger versteht das nicht, weil er bei einer Anleihe eine Rückzahlung zum Nominalbetrag assoziiert. Daher ist zu bestreiten, dass alle Käufer solcher Wertpapiere das Risiko verstanden haben. Natürlich gibt es auch Anleger, die solche Risiken sehenden Auges eingehen. Das sollen sie auch können, aber man muss verhindern, dass optionsähnliche Verlustrisiken unter der Tarnkappe der Anleihe in die Depots gutgläubiger Anleger wandern.

Welche Blüten der Markt für Zertifikate treibt, das zeigen die Multi-Bonus-Zertifikate. Bei der Vokabel „multi" handelt es sich einmal mehr um einen schillernden Begriff, der Risiken vernebelt. Das Wort soll nämlich zum Ausdruck bringen, dass sich ein solches Zertifikat nicht auf einen, sondern auf mehrere Basiswerte bezieht. Nunmehr steht der Bonus, also der in Aussicht gestellte Zins, in einer Abhängigkeit von mehreren Basiswerten, in der Praxis sind das z. B. drei Aktien. Bei solchen Multi-Bonus-Zertifikaten wird der Bonus aber nur für den Fall ausgezahlt, dass keine (!) der drei Aktien während der Laufzeit des Zertifikats die in den Vertragsbedingungen für jede Aktie genannte Untergrenze berührt oder unterschreitet. Soweit es dazu kommt, also auch nur eine der drei Aktien diese Barriere durchbricht, richtet sich die Höhe der Rückzahlung des Zertifikats nach der Aktie mit der schlechtesten Entwicklung. Man kann sich ausmalen, was es bedeutete, wenn sich unter den drei Aktien Werte wie Bear Stearns, Commerzbank oder Hypo Real Estate befanden. Einige Papiere wurden nahezu wertlos. Multi-Risiko-Zertifikat müsste ein solches Wertpapier heißen. Besonders fatal und latent irreführend wirkt der Umstand, dass Multi-Bonus-Zertifikate mehrere Aktien in Bezug nehmen. Ist das der Fall, assoziiert der durchschnittliche Privatanleger gemeinhin eine Art Risikostreuung. Bei Aktienfonds ist das auch richtig. Im Fall der Multi-Bonus-Zertifikate ist genau das Gegenteil der Fall. Indem mehrere Aktien als Basiswerte dienen, wird das Risiko vervielfacht, wenn auch nur eine der Aktien die Barriere durchbrechen muss und sich der Rückzahlungspreis an der Aktie mit der schlechtesten Performance ausrichtet. In den letzten Jahren glich das nur zu oft dem russischen Roulette und der Revolver war immer gut bestückt.

Es ist zwar nicht zu beanstanden, wenn demjenigen, der die Risiken überblickt, solche Papiere verkauft werden. Das war in den meisten Fällen auch gegeben, in einigen Fällen aber auch nicht. Um Missverständnisse auszuschließen: Muli-Bonus-Zertifikate wurden regelmäßig nur an auch sonst an den Börsen aktive und in diesem Sinne erfahrene Anleger verkauft. Freilich ist der Vertrieb solcher Zertifikate auch das Gegenstück zu einer entsprechenden Nachfrage. Es gibt viele Menschen, die sich durch eine Aussicht auf 20% Zinsen, die es bei Multi-Bonus-Zertifikaten durchaus gab, verleiten lassen. Gewiss spielte dann auch eine gewisse Gier eine Rolle. Das befreit aber nicht von der Notwendigkeit, Anleger über Risiken aufzuklären. Denn selbst der erfahrene und risikofreudig erscheinende Anleger wird die Risikostruktur solcher Produkte keineswegs stets überblicken. Wenn er es überblickt, muss er selbst wissen, was er tut. Überblickt er es nicht, muss er aufgeklärt werden. In diesem Zusammenhang ist immer wieder zu hören, dass man Zocker nicht schützen muss oder manche Menschen aus Schaden nie klug werden. Beide Aussagen überspielen wichtige Aspekte. Der die Risikolage überblickende Zocker ist nicht schutzbedürftig, das ist richtig. Aber die Frage ist doch, ob jeder, der solche

Geschäfte abschließt, in diese Kategorie gehört. Es gab beispielsweise Rentner, die auslaufende Bundesschatzbriefe in Bonus-Zertifikate getauscht haben. Sie wurden schlecht beraten, weil sie der Komplexität dieser Produkte nicht gewachsen waren. Bonus-Zertifikat, das klingt nach sicherem Prämiensparen. Da gibt es etwas zusätzlich. Indes konnte es eben passieren, dass ein Kurseinbruch am Aktienmarkt dazu führte, dass ein solches Zertifikat nur zu Bruchteilen zurückgezahlt wurde.

Es trifft außerdem nicht zu, dass Anleger, die sich mit einer gewissen Naivität und damit gutgläubig verzockt haben, aus Schaden nicht klug werden. Die meisten dieser Anleger meiden anschließend Risiken. Das löst das Problem aber nicht. Allein aus demographischen Gründen wachsen Jahr für Jahr Anleger nach, die erstmals mit spekulativen Anlagen in Berührung kommen. Es ist nicht so, dass immer dieselben zocken und aus Schaden nicht klug werden. Es ist vielmehr auch so, dass immer wieder neue Anleger den Schaden haben.

Indes kann man sich darüber streiten, ob windige Zertifikate den systemischen Risiken zuzurechnen sind. Da sich die Anbieter dieser Papiere im Normalfall über die Terminbörsen absichern, ist das auf den ersten Blick nicht der Fall, weil innerhalb der Finanzbranche keine Insolvenzgefahren entstehen. Damit ist das Thema aber nicht erledigt. Wer Vertrauen als eine Voraussetzung für funktionierende Finanzmärkte ansieht, kann durchaus zu anderen Ergebnissen kommen. Letztlich hat sich bei Zertifikaten das wiederholt, was unter professionellen Anlegern den Markt für ABS-Anleihen zum Erliegen gebracht hat. Die Komplexität der Geschäfte wurde ausgenutzt, um die eigene Rendite zu steigern, und zwar auch in Fällen, in denen Kunden oder Geschäftspartner die Tragweite eines Geschäfts nicht überblickten.

Da die innovativen Kreationen aus den Laboren der Finanzindustrie nicht per se Teufelswerk sind, sondern durchaus sinnvoll sein können, wird sich die Regulierung weniger auf absolute Verbote, sondern auf den Umgang mit diesen Produkten konzentrieren müssen. Vertrauen wird dann nicht enttäuscht, wenn man bei Abschluss eines Geschäfts die Risikolage überblickt hat. Wer 5.000 € bei einem Pferderennen setzt und verliert, der wird vielleicht mit sich selbst hadern. Das Vertrauen in den Anbieter verliert er aber nicht. Es kommt also darauf an, den Zugang zu solchen Produkten von Aufklärung und Transparenz der Risiken abhängig zu machen. Insoweit wird auch zu prüfen sein, ob man den Zugang zu spekulativen Produkten über das Internet in dem Sinne erschwert, dass nur gut informierte Anleger entsprechende Geschäfte abschließen können. Diesbezüglich ist vieles besser geworden, das bleibt es auf Dauer aber nur, wenn uns die alten Fehler nicht wieder einholen. Das alles ist jedoch nicht Aufgabe internationaler Regulierung, weil die Traditionen und Grundlagen der Geschäfte in den verschiedenen Volkswirtschaften und Rechtsordnungen viel zu unterschiedlich sind. Es genügt völlig, wenn einzelne Staaten diese Fragen regeln.

Denkbar und wünschenswert wäre auch der Versuch einer aufrichtig gemeinten Selbstregulierung. Die Finanzbranche begeht einen schweren Fehler, wenn sie nach dem Abflauen der Krise in alte Routinen verfällt, die zu oft darin bestanden, Gesetze auf ihre Lücken zu scannen, um das entsprechende Produkt oder passende Geschäftsmodell zu basteln. Aus dem Steuerrecht kennen wir diesen Vorgang schon seit Jahrzehnten. Gute Selbstregulierung verlangt auch eine Bereitschaft der Finanzbranche zur Selbstkritik, die bisweilen zu vermissen war. Das zeigt sich schon daran, dass Privatanleger, die hochverzinsliche Zertifikate erworben und Verluste erlitten haben, darüber belehrt wurden, dass die Kehrseite hochverzinslicher Finanzprodukte immer in erhöhten Risiken besteht und man nur kaufen sollte, was man auch verstanden hat. Das ist zutreffend. Allerdings fragt man sich, warum diese Erkenntnis nicht auch auf hochverzinsliche ABS-Anleihen aus dem Subprime-Bereich übertragen wurde, die in ABCP-Programmen auch noch exzessiv auf Kredit und ohne Eigenkapitalunterlegung gekauft wurden. Bankvorstände müssten doch erst recht wissen, dass hochverzinsliche Anlagen immer Gefahren bergen, und, so könnte man etwas sarkastisch hinzufügen, nur kaufen sollten, was sie auch verstanden haben. Viele Menschen spüren solche Widersprüche, auch wenn sie ihr Unbehagen nicht immer genau lokalisieren und benennen können.

d) Handel von Derivaten

Der Handel von Derivaten sollte transparenter und sicherer werden. Insbesondere sollte an den Märkten Klarheit darüber herrschen, in welchem Volumen welche Derivate gehandelt werden. Dazu bietet es sich an, den Handel dieser Produkte nur noch an Börsen zuzulassen. Das sorgt deshalb für mehr Transparenz, weil sichtbar wird, welches Volumen in den einzelnen Derivaten bewegt wird. Zudem kann an Börsen über sich dynamisch am Risiko ausrichtende Margins (Sicherheitsleistungen) dafür gesorgt werden, dass die mit Derivaten abgegebenen Versprechen auch tatsächlich eingehalten und Insolvenzrisiken minimiert werden.

Der Handel von Credit Default Swaps, mit denen Kreditausfallrisiken gemanagt werden, sollte dort begrenzt werden, wo nicht mehr Risiken versichert, sondern Spekulationsgeschäfte darauf geschlossen werden, ob ein Schuldner nun kollabiert oder nicht. Diese Spekulation hat nämlich eine nicht zu unterschätzende Rückwirkung auf den Preis, den diejenigen bezahlen müssen, die tatsächlich ein Risiko absichern möchten.

e) Rohstoffmärkte

In der Diskussion der Finanzkrisen taucht immer wieder die Forderung auf, Termingeschäfte mit Rohstoffen zu verbieten oder einzuschränken. Rohstoffbörsen stehen unter dem Verdacht, Preisexzesse zu fördern. Diese Annahme trifft jedenfalls nicht grundsätzlich zu, weil Terminmärkte in ihrer ursprünglichen Funktion sinnvoll sind, der Spekulation gerade entgegen wirken und Volkswirtschaften vor Preisexzessen schützen. Die Teilnahme am Terminhandel ist dann kein Ausdruck von Gier, sondern Ausdruck kaufmännischer Vorsicht. Für die betriebswirtschaftliche Kalkulation und Festsetzung der eigenen Preise ist es von Vorteil, wenn man weiß, zu welchem Preis man die benötigten Rohstoffe im Verarbeitungszeitpunkt beziehen wird. Wäre das nicht der Fall, wären etwa der Reifenhersteller Continental, das Chemieunternehmen BASF oder der Schmuckhersteller Chopard zwischenzeitlichen Preisexzessen bei Rohkautschuk, Erdöl oder Gold gnadenlos ausgeliefert. Das sind sie nicht, wenn sie auf Termin kaufen können, also im Januar ein Geschäft zur Lieferung von Rohöl oder Gold für den September abschließen können, dessen Lieferzeitpunkt und Preis bereits exakt feststeht. Daraus leitet sich auch der Begriff Termingeschäft ab, weil der gegenseitige Austausch dieser Geschäfte auf einem Termin in der Zukunft liegt. Damit alle Handelspartner immer wissen, um welche Gegenstände und Mengen es geht, wurden die Geschäfte standardisiert. Rohöl wird in der Maßeinheit Barrel gehandelt, die ca. 159 Litern entspricht, bei Gold oder Silber ist es die Feinunze. Unter Berücksichtigung weiterer Einzelheiten des Geschäfts spricht man von Kontrakten. Diese Standardisierung hat den Vorteil, dass alle Handelsteilnehmer eine Sprache sprechen und der Handel auf den Weltmärkten frei von Irrtümern bleibt.

Für die andere Seite des Geschäfts, also etwa ein Unternehmen aus Afrika, das Gold fördert, ergeben sich ebenfalls Vorteile. Der Betreiber der Goldmine kennt bereits im Januar den Verkaufspreis, den er zu einem späteren Zeitpunkt erzielen wird. Er kann nun seinerseits sehr viel besser kalkulieren. Denn die Förderung von Gold oder anderen Rohstoffen ist mitunter sehr teuer. Bei zu niedrigen Weltmarktpreisen kann es sein, dass die Förderung defizitär wird. Wer seinen späteren Verkaufspreis schon kennt, kann sehr genau durchrechnen, ob sich die Förderung eines Rohstoffs weiterhin lohnt. Man kann sogar Gold in Form von physischen Feingoldbarren verkaufen, die es noch gar nicht gibt, weil das Goldgestein noch in der Erde liegt und noch nicht zu Tage gefördert wurde. Das wäre dann übrigens zugleich einer der vorschnell verteufelten Leerverkäufe.

Beide Seiten des Geschäfts profitieren also. Aus volkswirtschaftlicher Sicht sind Termingeschäfte insoweit sinnvoll, weil sie die Folgen von Preisschwankungen mildern können, denn Unternehmen wie Chopard sind plötzlichen Preissprüngen beim Goldpreis jedenfalls nicht kurzfristig ausgeliefert. Sie müssen nicht jeden Preis bezahlen. Dieser Vorteil kommt sogar beim Verbraucher an, weil Chopard seine Angebotspreise halten kann. Der Schmuckhersteller läuft nur Gefahr, das Gold zu teuer abnehmen zu müssen, wenn die Preise zwischenzeitlich gefallen sind. Die Goldmine geht das Risiko ein, Gold zu günstig abgeben zu müssen, weil der Preis zwischenzeitlich gestiegen ist. Beiden entgeht eine Gewinnchance, deren Bedeutung aber im Vergleich mit dem betriebswirtschaftlichen Vorteil der Kalkulationssicherheit verblasst. An den Börsen heißen solche Geschäfte auch Futures, weil der effektive Warenaustausch erst in der Zukunft liegt.

Nun kann kein Hersteller, der Rohstoffe verarbeitet, sicher sagen, wie sein Produkt ankommt und in welchem Marktumfeld es sich bewegen wird. Gerade dann, wenn ein Produkt die Erwartungen nicht erfüllt, kann es notwendig werden, eine Verpflichtung zur Abnahme wieder loszuwerden. Deshalb ist es gut, wenn Futures an

Börsen gehandelt werden können. Wer die auf Termin gekaufte Menge wider Erwarten doch nicht benötigt, kann sich davon wieder trennen. Das ist wichtig, um finanzielle Engpässe zu vermeiden, denn ein volles Rohstofflager kann Unternehmen die Existenz kosten, wenn der erwartete Absatz ausbleibt.

Mitunter wollen Abnehmer von Rohstoffen nur das Recht erwerben, eine Ware zu einem bestimmten Preis beziehen zu können. Der Rohstoff muss dann nicht abgenommen werden, aber man hat für einen bestimmten Zeitraum das Wahlrecht, ihn zu einem bestimmten Preis zu erwerben. Dieses Wahlrecht bezeichnet man als Option. Und weil es um Rohstoffe oder Waren geht, spricht man auch von Rohstoffoptionen oder Warenterminoptionen. Der Partner eines solchen Geschäfts, der die Option einräumt, kann wiederum ein Unternehmen sein, das den Rohstoff fördert. Dieses Recht lässt sich der Verkäufer der Option bezahlen. Diesen Kaufpreis nennt man auch Optionsprämie.

Auch dazu ein Beispiel für eine Kauf- bzw. Call-Option: Ein Hersteller von Silberbesteck plant den Vertrieb einer neuen Kollektion. Da nicht feststeht, wie der Markt das neue Angebot aufnimmt, möchte sich der Produzent nicht zur Abnahme fester Mengen an Silber verpflichten, aber aus Gründen einer sicheren Kalkulationsbasis das Recht haben, das Edelmetall während des folgenden Jahres zu einem bestimmten Preis erwerben zu können. Dieses Recht räumt ihm ein Rohstoffunternehmen ein, das Silber fördert, und verlangt dafür die Optionsprämie. Wird das Recht aus der Option wahrgenommen, kann das Silber zu dem in der Vergangenheit festgelegten Kaufpreis bezogen werden. Dieses Geschäft hat für beide Seiten Vorteile. Der Hersteller des Bestecks kennt seinen maximalen Rohstoffpreis für das nächste Jahr. Soweit der Silberpreis in der Zwischenzeit stark fällt, muss er die Option nicht ausüben, sondern kann sich am freien Markt mit dem preiswerteren Silber eindecken. Der Verkäufer der Option hat den Vorteil, dass er für die Option sofort ein Entgelt erhält, ohne selbst liefern müssen. Wird die Option später abgerufen, dann muss er liefern, erhält im Gegenzug aber auch den vereinbarten Kaufpreis.

Das Gegenstück zur Call-Option bildet die Verkaufs- bzw. Put-Option. Sie gibt das Recht, eine Sache innerhalb eines bestimmten Zeitraums zu einem bestimmten Preis zu verkaufen. Damit kann der Käufer einer Put-Option z. B. Lagerbestände gegen einen Preisverfall absichern. Wer die Put-Option verkauft, erklärt für die Laufzeit der Option die garantierte Abnahme zu einem bestimmten Preis und muss entsprechende Mittel vorhalten.

Auch Optionsgeschäfte bewirken an Rohstoffmärkten daher grundsätzlich, dass Risiken eingefangen werden. Sie verhindern, dass die Käufer oder Verkäufer von Rohstoffen unter starken Preisschwankungen leiden. Ein Verbot von Warentermingeschäften oder Warenterminoptionsgeschäften wäre also ein gewagtes Unterfangen, das weniger finanzstarke Unternehmen ans Messer liefert.

Das eigentliche Problem der Rohstoffbörsen sind nicht die dort zu tätigenden Geschäfte, sondern Akteure, die am Handel teilnehmen, aber mit der Produktion und der Verarbeitung von Rohstoffen nichts zu tun haben. Es geht dann nur darum, aus den Preisschwankungen Profit zu ziehen. Das sei anhand eines Beispiels erläutert: Wer im Mai 1.000 Barrel Rohöl mit Liefertermin Dezember zu einem Preis von 100 US-Dollar je Barrel kauft, muss nicht sofort 100.000 US-Dollar aufwenden, sondern lediglich eine Sicherheitsleistung erbringen, die je nach Rohstoff, Markt und Börse schwanken kann, mitunter aber nur 10 % des Kontraktwerts beträgt, hier also 10.000 US-Dollar. Wenn der Ölpreis im Dezember auf 140 US-Dollar gestiegen ist, kann der Käufer des Kontrakts das Geschäft glattstellen. Unter Vernachlässigung der Kosten hat er dann bei einem effektiven Kapitaleinsatz von 10.000 US-Dollar einen Erlös von 40.000 US-Dollar erzielt, das eingesetzte Kapital also vervielfacht. Damit korrespondiert freilich ein entsprechendes Verlustrisiko. Fällt der Ölpreis, kann der Kontrakt nur mit einem entsprechenden Verlust glattgestellt werden, der eventuell sogar die Sicherheitsleistung übersteigt.

Das zweite Beispiel zeigt, wie Optionen wirken und warum von diesen Derivaten ein enormer Spekulationsanreiz ausgeht. Ihren Reiz erhält eine Call-Option dadurch, dass sie im Vergleich mit einer direkten Investition in den Basiswert eine ungleich höhere Rendite auf das eingesetzte Kapital abwerfen kann. Das enorme Gewinnpotential wird deutlich, wenn man die unterschiedlichen Investitionsarten bei gleichem Kapitaleinsatz und gleicher Entwicklung des Basiswerts miteinander vergleicht.

Beispiel: Anleger A rechnet mit steigenden Goldpreisen und möchte 60.000 $ investieren. Der Goldpreis liegt zu dieser Zeit bei 1.500 $, das ergibt 40 Feinunzen für das eingesetzte Kapital. Wenn der Anleger das Gold erwirbt und der Goldpreis binnen eines Jahres auf 1.800 $ steigt, hat der Anleger unter Vernachlässigung der Erwerbskosten und Steuern eine Bruttorendite von 300 $ pro Feinunze bzw. 20 % auf das eingesetzte Kapital erzielt, insgesamt 12.000 $.

Erwirbt der Anleger von Anfang an nur Call-Optionen auf Gold, sieht die Rechnung anders aus. Wenn die Option einen Bezugspreis von 1.500 $ vorsieht, kann sie z. B. 100 $ kosten. Bleibt die Investitionssumme mit 60.000 $ gleich, kann der Anleger nunmehr 600 Optionen erwerben. Wenn der Goldpreis auf 1.800 $ steigt, wird die Call-Option, also das Recht die Feinunze für 1.500 $ erwerben, wertvoller. Der Optionspreis steigt von 100 $ auf 300 $. Vergleicht man beide Geschäfte, so tritt das hervor, was als Hebelwirkung bezeichnet wird. Bei einer Direktinvestition beträgt die Rendite 20%, bei einem Erwerb der 600 Call-Optionen erlöst der Anleger am Ende 180.000 $, er hat das eingesetzte Kapital verdreifacht.

Dem steht ein hohes Risiko gegenüber. Für den Fall, dass der Goldpreis fällt oder stagniert, erleidet der Anleger einen Totalverlust. Seine Option ist am Ende der Laufzeit wertlos, er hat die 60.000 $ verloren.

Es gibt noch zahlreiche weitere Varianten, die hier aber dahinstehen können, weil es uns nur darum geht, die von Terminmärkten ausgehenden Spekulationsanreize aufzuzeigen. Deshalb tummeln sich an diesen Märkten auch spekulativ ausgerichtete Hedgefonds, die nicht Produzent oder Abnehmer von Rohstoffen sind, sondern nur aus den Preisschwankungen Kapital schlagen wollen. Das funktioniert über Optionsgeschäfte und Futures gleichermaßen.

Sollte man daher Hedgefonds verbieten? Der Vorteil der Teilnahme von Hedgefonds am Handel besteht darin, dass sie dem Markt Liquidität stiften. So können die Produzenten oder Abnehmer von Rohstoffen leichter einen Partner für das von ihnen beabsichtige Geschäft finden. Der Nachteil liegt darin, dass durch den Einsatz großer Mittel das Preisniveau eines Rohstoffs beeinflusst werden kann. Langfristig entscheidet zwar immer die effektive Nachfrage nach einem Rohstoff den Preis, Hedgefonds können aber das Preisniveau zumindest kurzfristig heben oder senken.

Regulierung muss an dieser Stelle nicht nur der Manipulation von Börsenpreisen durch Absprachen etc. entgegen wirken. Auch hier gilt es, durch Sicherheitsleistungen, die sich dynamisch an Preisveränderungen anpassen, die Insolvenzrisiken einzufangen. Das ist heute aber überwiegend schon der Fall. Freilich kann man erwägen, den Zugang zu diesen Märkten für solche Handelsteilnehmer zu begrenzen, die nur aus Spekulationsinteressen am Markt sind. Das führt allerdings zu exklusiven Wettbewerbsvorteilen elitärer Marktteilnehmer. Derart abgeschottete Märkte durchlaufen zumeist keine gute Entwicklung.

Zudem sind Produzenten oder Abnehmer von Rohstoffen keineswegs gezwungen, an den Rohstoffbörsen zu handeln. Sie können das, müssen es aber nicht. Es gibt keinen Börsenzwang. Zahlreiche Geschäfte werden jenseits der Börsen abgeschlossen und abgewickelt. Das Problem ist freilich, dass überhitzte Börsenpreise eine Rückwirkung auf den außerbörslichen Warenaustausch haben, weil der Börsenpreis oft als Referenzpreis den Verhandlungen zugrunde gelegt wird.

Für Deutschland und die EU ist eine Regulierung dieser Märkte wenig sinnvoll, weil unter den wichtigen europäischen Rohstoffbörsen lediglich London eine größere Rolle spielt. Auch wenn der Regulierungsbedarf gering erscheint, brauchen wir auch in Europa aus ethischen Gründen eine Diskussion hierüber. Als besonders heikel muss die Spekulation mit Grundnahrungsmitteln gelten, weil hier die Gefahr besteht, dass ärmere Länder mit künstlich erhöhten Preisen nicht mehr mithalten können. Jenseits einzelner Preisübertreibungen ist es jedoch fraglich, ob die Preise von Grundnahrungsmitteln tatsächlich dauerhaft überhöht sind. Letztlich entscheidet immer das Angebot über die Preise, weshalb etwa übermäßiger Regen, Dürren oder andere Ereignisse entscheidenden Einfluss ausüben, der freilich durch Spekulationen verschärft werden kann. Eine ethische Bestandsaufnahme sollte auch selbstkritisch erfolgen. Man kann das Geschäftsgebaren von Hedgefonds hinterfragen, darf aber auch nicht die Frage ausblenden, ob der Einsatz von Grundnahrungsmitteln wie Getreide oder Rüben zur Produktion von Biosprit die Nachfrage erhöht und damit für ärmere Länder die Beschaffungskosten steigert. Es gibt auch eine Rückwirkung auf den Anbau und den Preis von Grundnahrungsmitteln, die nicht zur Produktion von Biosprit eingesetzt werden können. Denn der Anbau zwecks späterer Benzinproduktion belegt Ackerflächen, die einem anderweitigen Anbau entzogen werden. Wird aber weniger angebaut, dann sinkt das Angebot und der Preis steigt. Somit kann insbesondere die Subventionierung des Anbaus von Pflanzen zur Produktion von Biosprit das Preisniveau sonstiger Grundnahrungsmittel durchaus heben. Solche Probleme löst man aber nicht, indem man Hedgefonds reguliert.

Die Preisbildung an Rohstoffmärkten stellt schließlich auch keine autarke Entscheidung der Finanzmärkte dar. Der Preis ist jedenfalls grundsätzlich immer ein Reflex auf die Außenwelt. Rohöl ist nicht teurer geworden, weil Hedgefonds das so möchten, sondern weil die Nachfrage immer weiter gestiegen ist. Auch Monopolstellungen einzelner Anbieter können das Niveau von Preisen beeinflussen. Es kann bei einer Regulierung dieser Märkte nur darum gehen, künstliche Verzerrungen zu verhindern. Die weiteren Gründe der Preisbildung sind dem vorgelagert und werden nicht an den Börsen entschieden.

f) Rechtliche Absicherung der Verbote

Man könnte noch weitere Grundsätze diskutieren, aber das Gemeinte dürfte bereits deutlich geworden sein. Der Kern an Regulierung muss möglichst klar umrissen werden. Allen Akteuren an den Finanzmärkten müssen diese Regeln als nicht disponibler Kern vermittelt werden. Und weil es dann um die Abwendung von systemischen Risiken geht, ist es auch ohne weiteres gut vertretbar, diesen Kernbereich als Ultima Ratio strafrechtlich zu schützen. Das heißt ganz konkret, dass ein strafrechtliches Risiko für einen Bankmanager nicht erst dann entsteht, wenn ein Verstoß gegen Regulierungsgrundsätze zu Schäden führt. Allein der Verstoß wird strafbar, mag auch ein verbotenes Geschäft im Einzelfall sogar gut gegangen sein.

Auf diese Weise reagiert das Strafrecht nicht erst dann, wenn es zu spät ist. Es entfaltet seine präventive Wirkung bereits im Vorfeld der Schädigung. Das ist keineswegs neu, denn wir bestrafen aus Gründen der Prävention die Trunkenheitsfahrt des Autofahrers auch dann, wenn es nicht zu einer Schädigung Dritter gekommen ist. Abstrakte Gefährdungsdelikte nennen das die Juristen, weil gefährliche Handlungen als solche und schon im Vorfeld einer Schädigung anderer verboten werden.

Der Rest an Regulierungsbedarf kann in den Mitgliedstaaten befriedigt werden. Das Streben nach einem möglichst einheitlichen EU-Binnenmarkt darf dem nicht entgegenstehen, sondern nur dann ein Gegenargument bilden, wenn Maßnahmen eines einzelnen EU-Mitgliedstaats als dumpfer Protektionismus erscheinen.

Freilich wird es auch Sachverhalte geben, bei denen ein Grundsatz als zu starr erscheint und die Geschäftstätigkeit der Kreditinstitute behindert werden könnte. Solchen Fällen kann durch einen Erlaubnisvorbehalt genügt werden. Wendet man diesen Gedanken auf die systemische Finanzkrise und dort konkret auf den Fall IKB an, dann heißt das: Der Grundsatz der Eigenkapitalunterlegung gilt zunächst ausnahmslos. Geschäftsmodelle, bei denen Verbindlichkeiten solventer Kunden durch Garantien abgesichert werden, können der Bankenaufsicht angezeigt und von der Pflicht zur Eigenkapitalunterlegung ganz oder teilweise befreit werden. Ein solches Verfahren führt dazu, dass die Bank ihr Vorgehen erläutern und z. B. darlegen muss, um welchen Kunden es sich denn handelt, dessen Geschäfte man mit Garantien in Milliardenhöhe abzuschirmen gedenkt. Im Fall IKB wäre deutlich geworden, dass es sich bei den Zweckgesellschaften (Conduits) gerade nicht um Kunden der Bank handelte, sondern die Geschäfte letztlich ein Risiko des Instituts darstellten.

Eine derart neue Eigenverantwortlichkeit der Mitgliedstaaten der EU stärkt die Demokratie. Jede Regierung muss sich für das Finanzsystem des jeweiligen Staates wieder selbst verantworten. Die Ausrede, dass Lücken in internationalen Beratungen nicht geschlossen wurden, obwohl man das wollte, zählt nicht mehr. Wer Leerverkäufe oder sonstiges Geschäftsgebaren verbieten möchte, sollte das tun und nicht auf alle anderen warten.

4. Race to the Bottom?

Gegen das hier präferierte Modell international strikter Regulierungsgrundsätze und der Betonung einer starken Eigenverantwortlichkeit von Staaten könnte das Argument des „Race to the Bottom" eingewandt werden. Dieser Gedanke ist nicht unberechtigt, denn er warnt vor einem Wettlauf, bei dem sich die Protagonisten der Finanzwelt immer den Finanzplatz suchen werden, der ihre Handlungsfreiheit am wenigsten einschränkt.

Allerdings greift dieses Argument letztlich nicht durch. Eine das Finanzsystem gefährdende und immer tiefer führende Abwärtsspirale ist ausgeschlossen, weil der „Bottom", um im Bild des Begriffs zu bleiben, aus einem festen Fundament von Grundsätzen besteht, die keine Ausnahmen dulden und systemische Risiken einfangen.

Oberhalb dieser Schwelle kann und soll es dann ein Rennen geben. Aber darin liegt kein Verlust, denn das nennen wir ansonsten Wettbewerb, den wir auch unter Staaten in der EU mit ihren Finanzplätzen brauchen und nicht mit europaweiten Detailregulierungen ersticken sollten. Es ist auch keineswegs so, dass Banken heute gute Regulierung nicht zu schätzen wüssten. Das bisweilen gepflegte Bild, dass Banken nichts aus den Krisen gelernt haben und ihre Geschäfte am liebsten wieder in dunklen Höhlen der Spekulation betreiben würden, in die kein Licht fällt, hat mit Realität wenig zu tun und trifft nicht zu. Gute Regulierung an sicheren und vertrauenswürdigen Finanzplätzen wird in der Finanzbranche mittlerweile als hohes Gut anerkannt.

Daneben bedarf es einer ständigen Beobachtung der Märkte durch Aufsichtsbehörden. Werden Exzesse bekannt, muss auch die Bereitschaft zum nationalen Alleingang wachsen. Die Pleite der IKB und der Sachsen-LB auf der Zielgeraden zu Basel II beweist das sehr deutlich. Die ermüdenden und zeitraubenden Prozesse internationaler Ausschüsse und Gremien sind nicht geeignet, hinreichend schnell zu reagieren und für Abhilfe zu sorgen. Es hilft nichts, den Kollaps abzuwarten, um dann zu sagen, dass es das Gegenmittel zwar schon gab, dieses aber leider nicht griffbereit war.

5. Vertrauen an den Finanzmärkten und in den Staat

Zahlreiche Publikationen der EU-Kommission und EU-Richtlinien sprechen davon, das Vertrauen der Anleger in die Kapitalmärkte stärken zu wollen. Das ist ein hehres Ziel, aber nicht ungefährlich. Das Vertrauen darf nicht blind sein. Es ist falsch, vorbehaltloses Vertrauen erzeugen oder fördern zu wollen. Das gilt für professionelle und private Anleger gleichermaßen. Angesichts der schweren Verwerfungen an den Finanzmärkten in den letzten Jahren kann es einstweilen nur um die Herstellung eines vertrauenswürdigen Rahmens gehen. Blindes Vertrauen mit den Facetten der Gutgläubigkeit und Naivität hat großen Schaden angerichtet.

Es kann nur darum gehen, mit Regulierung einen vertrauenswürdigen Rahmen vorzugeben, aus dem sich dann durch tatsächliche Bewährung Vertrauen bildet: Ein Vertrauen, das sich aus guter Erfahrung formt. Dann ist es aber auch gerechtfertigt. Vertrauen darf durchaus auch als Ziel guter Regulierung, aber nicht als anzustrebender Selbstzweck verstanden werden. Im letzteren Fall läuft man Gefahr, eine Kulisse zu erzeugen, die Vertrauenswürdigkeit vorgibt, aber im Kern die Möglichkeit und die Gefahr birgt, eine Plattform für ein Ausschlachten von Vertrauen zu bieten.

Das haben wir in diesem Buch anhand der ABS-Anleihen und den AAA-Ratings bei professionellen Anlegern resümieren müssen, gleiches gilt für private Anleger und ihr Vertrauen in Ad-hoc-Meldungen oder Zertifikate. Regulierung sollte daher nicht dauernd vor sich hertragen, einen vertrauenswürdigen Zustand erzeugt zu haben. Nach den schweren Vertrauensverlusten der letzten Jahre will das auch niemand mehr hören. Eine solche Verdrossenheit schadet der Demokratie und dem Rechtsstaat. Denn Vertrauen hat – gerade nach den schweren Krisen der letzten Jahre – auch etwas mit dem Grundvertrauen des Bürgers in den Staat und seine Regeln zu tun. Dieses ganz grundsätzliche Vertrauen in Recht und Ordnung droht in Mitleidenschaft gezogen zu werden, wenn die Politik „Vertrauen“ zur hohlen Phrase verkommen lässt.

Es geht also um den Keim, aus dem gerechtfertigtes Vertrauen sprießen kann. Das kann man schlicht und einfach auch so formulieren, denn das wiederholte Versprechen, die Dinge nun zu bessern, verliert seine Glaubwürdigkeit, wenn es nicht eingelöst wird. Es wird dann als immer wieder enttäuschtes Vertrauen, als Kehrseite falscher Glücksversprechen empfunden, wie bei einem undurchsichtigen Geschäft, bei dem man aus heiterem Himmel alles verliert.

Die Vertrauensverluste infolge einer verfehlten EU-Finanzmarktpolitik werden weitere Bereiche der Politik erfassen. Schon im Jahr 2012 zeichnet sich das deutlich ab. Mit hoher Wahrscheinlichkeit wird ein Versuch der deutschen Politik, die Eigenverantwortung der Bürger für ihre Altersvorsorge zu fördern, sukzessive scheitern. Stichworte wie die „Riester-Rente“ oder der „Rürup-Vertrag“ stehen für das Vorhaben, demographischen Fakten gerecht zu werden. Der Generationenvertrag, nach dem die arbeitende Bevölkerung mit ihren Sozialbeiträgen die Renten der Alten finanziert, wurde behutsam in Richtung Eigenvorsorge umgebaut. Mittels staatlicher Förderung sollen die Menschen etwas zur Seite legen, damit ihr Alterseinkommen zumindest teilweise aus eigenen Mitteln herrühren kann. Wer solche Verträge kennt, der weiß, dass es Vertragsmodelle gibt, bei denen die Beiträge der Bürger und Zuschüsse des Staates ganz überwiegend in festverzinsliche Wertpapiere fließen. Die krisenbedingte Zinspolitik der EZB mit einer „Null vor dem Komma" und der Ruf der Bundesanleihen als „sicherer Hafen" werden dazu führen, dass die erhofften Zinseszinseffekte teilweise ausbleiben. Den Rest erledigt die Inflation. Auch Modelle der betrieblichen Altersversorgung werden unter der EU-Niedrigzinspolitik leiden.

Der deutsche Staat wird mit seinem Vorhaben scheitern, den Anteil des Steueraufkommens an der Rentenfinanzierung zu begrenzen. Es wird am Ende für diejenigen, die dem System vertrauten, einfach zu wenig bleiben, weil die EU-Zinspolitik auf absehbare Zeit niedrige Zinssätze erzwingen wird. Will man die der Sozialpolitik vertrauenden Menschen richtigerweise nicht sich selbst überlassen, ist man an den Anfang zurückgeworfen. Dann bleibt nur die Möglichkeit, die Renten steuerlich doch wieder stärker als gedacht zu bezuschussen. Dadurch wird eine Reformidee untergraben, über die man sich gewiss streiten kann. Auf den Inhalt der Reform kommt es in dem vorliegenden Zusammenhang jedoch nicht an. Schlimm ist vielmehr der darin ruhende Steuerungs- und Kontrollverlust des Staates, weil ein innerstaatlich umstrittenes und gerade deshalb demokratisch legitimiertes Reformprojekt das Ziel verfehlen wird. Nachdenklich stimmt auch, dass die innerstaatliche Reform eines Mitgliedstaats auf der großen Bühne EU wieder zunichte gemacht wird. Der Staat ist wieder da, wo er vorher stand, was die Bevölkerung durchaus wahrnehmen wird. Es wäre schlimm, wenn gerade die Bürger derjenigen EU-Staaten, die zu Reformen bereit waren und es noch sind, an den Gestaltungsmöglichkeiten ihres Staates zweifeln und weiteres Vertrauen verlieren.

Neuntes Kapitel

Ausblick

Der Ausblick ist wolkig bis heiter. Wolkig deshalb, weil die Staatsschuldenkrise Europa noch große Anstrengungen abverlangen wird. Niemand weiß heute, welchen Verlauf die Schuldenkrise nimmt.

Wir wissen noch nicht einmal, ob das, was in Staaten wie Griechenland als Sparmaßnahme beschlossen scheint, auch umgesetzt wird. Ob etwa die griechische Justiz jede Kürzung von Ausgaben und Löhnen als rechtmäßig oder verfassungskonform ansehen wird, kann niemand sicher sagen. Hält eine der Sparmaßnahmen der richterlichen Kontrolle nicht stand oder wird sie sonst nur halbherzig umgesetzt, geht das Sparkonzept an der jeweiligen Stelle nicht auf. Im Rahmen internationaler Vereinbarungen kann man vieles aufschreiben. Die innerstaatliche Umsetzbarkeit internationaler Verpflichtungen steht in rechtlicher und politischer Hinsicht auf einem anderen Blatt.

Die Unwägbarkeiten der Staatsschuldenkrise kommen aber keineswegs nur aus Europa. In den USA schwelt eine weitere Schuldenkrise, die die Finanzmärkte akut stressen könnte. Gleiches gilt für China, wo Schattenbanken Gefahr laufen, im Fall eines Abschwungs Geld zu verlieren. Dann können sie selbst in Gefahr geraten. Soweit dadurch Schäden verursacht werden und Insolvenzgefahren entstehen, können solche Verwerfungen auch die Bilanzen europäischer Banken verhageln.

Einen Vorgeschmack davon haben wir im Spätsommer des Jahres 2011 erhalten. US-Präsident Obama und die Republikaner lieferten sich einen die Märkte elektrisierenden Streit über die Anhebung der US-Staatsschuldengrenze. Elektrisierend deshalb, weil dieser Streit zu einer Zeit ausgetragen wurde, in der das Erreichen der bis dahin geltenden Schuldengrenze absehbar war. Immerhin ging es um die Frage, ob die USA als größter Schuldner der Welt zukünftig ihren Verbindlichkeiten noch nachkommen können. Eine Zeitbombe tickte. Zwar einigte man sich in Washington dann doch noch vor deren Zündung, aber einige Börsianer waren zum Nervenbündel geworden. Ihnen verblieb auch keine Zeit zur Erholung. Die Rating-Agentur Standard & Poor's stufte angesichts der galoppierenden Staatsverschuldung die Bonitätsnote der USA herab.[74] Auch solche Ereignisse haben die Eurokrise befeuert.

[74] Zum ganzen Geschehen *Rahmann,* Herabstufung mit fatalen Folgen, Beitrag auf www.wiwo.de vom 06.08.2011.

Der Ausblick ist aber keineswegs nur trübe. Man mag es kaum behaupten, aber die Staatsschuldenkrise hat die gute Seite, dass Europas Staaten ihre Budgets so konsolidieren müssen, dass der Kauf einer Staatsanleihe nicht mehr als Risiko erscheint. Diese Konsolidierung von Staatshaushalten ist auch unter demokratischen Gesichtspunkten erforderlich. Zukünftige Regierungen müssen fiskalisch wieder handlungsfähig werden. Es ist undemokratisch, wenn nach Wahlen ein Berg von Schulden der Umsetzung der von den Bürgern gewählten Inhalte im Wege steht. Diese Konsolidierung ist zu schaffen, aber letztlich nur in den jeweiligen Staaten. Dabei können und sollten die Stärkeren helfen, aber nur dem, der sich anstrengt. Sinnvolle Projekte einzelner Staaten können aus EU-Mitteln unterstützt, aber nicht die Staatshaushalte auf Dauer alimentiert werden.

Das Versprechen der EZB, notfalls Staatsanleihen aufzukaufen, war zwar geeignet, die Märkte einstweilen zu beruhigen. Allerdings wird darauf zu achten sein, dass die EZB von diesem Mittel nur in einem engen Rahmen Gebrauch macht. Insbesondere müssen diejenigen Staaten, deren Anleihen aufgekauft werden, ihre Haushalte konsolidieren. Gelingt das nicht, wird die EU von innen heraus scheitern.

Ob es sinnvoll gewesen wäre, bereits im Jahr 2010 die Notbremse zu ziehen und nach dem Wortlaut der Europäischen Verträge eben nicht für die Schulden Griechenlands einzutreten, ist eine müßige Diskussion. Es ist politisch anders entschieden worden und angesichts der Tatsache, dass sich die Euro- und Staatsschuldenkrise mit einer vorlaufenden Finanzkrise verzahnte, war das jedenfalls gut vertretbar. Jeder, der die Maßnahmen zugunsten einzelner Staatshaushalte kritisiert, muss bedenken, dass es immer auch um die Stabilität des gesamten Finanzsystems ging und geht. Wer die Maßnahmen der am Euro teilnehmenden Mitgliedstaaten kritisiert und meint, man hätte im Jahr 2010 einen großen Knall in Kauf nehmen sollen, der denkt an das, was man als „reinigendes Gewitter" bezeichnet. Das greift aber zu kurz. Ein weiterer Crash im Jahr 2010 wäre mehr als ein nur reinigendes Gewitter gewesen. Mit hoher Wahrscheinlichkeit wäre es zu einer akuten Zuspitzung der systemischen Finanzkrise gekommen, die einige Banken nicht überlebt hätten. Das wiederum hätte die Vertrauenskrise verschärft und die Kreditvergabe durch die dann noch vorhandenen Banken gehemmt. Das Ganze wäre auch in Deutschland angekommen und zwar auch bei einzelnen Bürgern, denn z. B. private Rentenversicherungen und auch die berufsständischen Versorgungswerke hätten unter einem Zusammenbruch von Banken unmittelbar gelitten.

Freilich ist die Instabilität des Finanzsystems auch ein Ergebnis der in diesem Buch beschriebenen Insolvenzverschleppung und des Strebens nach einer viel zu weit gehenden Angleichung des Bank- und Kapitalmarktrechts, die Gefahr läuft, den Rechtssystemen der Mitgliedstaaten identische Schwachstellen zu verleihen. Diese Fehler dürfen aber nicht dazu führen, im Übermaß zu reagieren und alles fallen zu lassen. Wichtig ist es, aus der Insolvenzverschleppung und den Finanzkrisen die richtigen Lehren zu ziehen. Dazu gehört eben die Erkenntnis, dass wir im Lauf der Jahre mit zunehmender EU-Regulierung von einer Krise in die nächste getaumelt sind. Es wäre ein Fehler, der EU-Bürokratie noch größeren Einfluss einzuräumen.

Jenseits dessen spricht aber vieles dafür, die Staatsschuldenkrise europäisch lösen zu wollen. Bei dem damit beschrittenen Weg ist es konsequent, Kreditinstituten für eine Übergangszeit „billiges Geld“ zur Verfügung zu stellen. Das findet bereits statt, denn Anfang des Jahres 2012 konnten Banken Geld mit einer dreijährigen Laufzeit ausleihen, das nur noch mit einem Prozent zu verzinsen war. Fast eine Billion Euro wurden zur Verfügung gestellt. Dieses Geld sorgt nicht nur dafür, dass Banken die Wirtschaft weiterhin mit Krediten versorgen, sondern hilft auch den unter Druck geratenen EU-Staaten. Zahlreiche Banken pumpten Teile des aufgenommenen Geldes sogleich in europäische Staatsanleihen, weshalb etwa die Zinsen der Anleihen Italiens wieder fielen. Diese Rechnung geht aber nur auf, wenn die EU-Staaten die Sanierung ihrer Haushalte ernsthaft betreiben. Findet das nicht statt, wird das Ganze zum Bumerang, und eine weitere Finanzkrise wird sich austoben. Eine zweite Gefahr dieser Strategie liegt darin, dass billiges Geld der Versuchung Vorschub leistet, riskante Geschäfte zu betreiben. Bei einem Refinanzierungszins von einem Prozent ist die Versuchung eben groß.

Einen Zusammenbruch von Volkswirtschaften wird es in Europa solange nicht geben, wie es gelingt, das Bankensystem vor einem Kollaps zu schützen. Deshalb ist es wichtig, dass die EU-Mitgliedstaaten gegen Insolvenzgefahren ankämpfen. Die Wiederherstellung der Kreditwürdigkeit von Ländern wie Portugal oder Spanien dient allen. Selbst wenn dieser Kampf nicht in jeder Hinsicht erfolgreich verläuft, bedeutet das für Europa nicht das Ende. Sogar für den Fall, dass neben Griechenland ein Staat wie Portugal zahlungsunfähig werden sollte, wird Europa nicht untergehen. Es verbleibt die Möglichkeit, der Kreditwirtschaft nahezu zinslose Gelder zur Verfügung zu stellen oder einzelne Banken gezielt zu stützen.

Europas Bürger sollten sich durch das Ringen um das Finanzsystem und die EU nicht frustrieren lassen. Sie werden auch in den kommenden Jahren ihren Alltag, ihren Beruf, ihr privates Glück oder private Sorgen haben. Die immer wiederkehrende Untergangsstimmung sollte in diesen Alltag nicht hineinschwappen. Weitere Verwerfungen und Krisen an den Börsen sind zwar nicht auszuschließen. Aber diesen diffusen großen GAU, der über Nacht alles Geld und den Wohlstand Europas verdampfen lässt, wird es aller Voraussicht nach nicht geben.

Vor allem sollten wir uns nicht mehr aufhetzen lassen, wenn jede Risikoabschirmung von Banken oder Staaten unterschwellig mit der Behauptung diskreditiert wird, dass Banken, Managern oder faulen EU-Bürgern aus anderen Staaten Geld des Steuerzahlers geschenkt wird. Das ist in mehrfacher Hinsicht schlicht falsch, weil wir erstens ohne diese Abschirmung Gefahr laufen, dass unser Kreditwesen kollabiert. Zweitens ist es falsch, weil Garantien keineswegs zu einem effektiven Geldfluss führen müssen. Drittens ist es falsch, weil die Banken das Geld für den Fall eines effektiven Geldflusses zurückzahlen müssen und das in der Vergangenheit übrigens auch schon getan haben.

Natürlich haben der Staat und damit der Steuerzahler auch Geld verloren. Man muss aber aufpassen, dass man die Risikoabschirmung durch den Steuerzahler der Höhe nach nicht mit effektiven Zahlungsausfällen verwechselt. So liegt es etwa im Fall der Landesbanken, wo im Fall der Sachsen-LB immer wieder der Fehler gemacht wird, die staatlichen Garantien mit effektiven Schäden gleichzusetzen. Schäden gibt es, aber sie machen nur einen Bruchteil der Garantien aus.

Schäden gibt es auch dort, wo sich der Staat am Kapitalmarkt an einer Bank beteiligt hat. Das war etwa bei der IKB der Fall, wo die staatliche KfW ein Aktienpaket hielt. Da geht es dem Staat aber nicht anders als vielen Menschen.

Von den Bürgern Deutschlands haben vor allem diejenigen hohe Schäden erlitten, die zugleich auch Aktionäre von Banken wie der Commerzbank oder der IKB waren. Sie haben sogar fast alles verloren. Schon das zeigt, wie falsch die Behauptung ist, nach der Hilfsmaßnahmen zugunsten einer Bank immer „der Bank" in dem Sinne zugute kommen, dass sich Manager oder Aktionäre die Taschen voll stopfen. Das ist schlicht falsch. Wer das nicht glaubt, sollte sich im Internet einmal die Kursentwicklung von Aktien wie die der Commerzbank oder der IKB ab Anfang des Jahres 2007 ansehen. Banken wurden oder werden nicht am Leben erhalten, damit deren Eigentümer ihren Wohlstand steigern. Sie haben fast alles verloren. Banken werden am Leben erhalten, damit wir in dieser Gesellschaft in Frieden weiterleben können, sie müssen die Hilfen auch grundsätzlich zurückzahlen. Deshalb sollte man eine derart skandalisierende Berichterstattung nicht an sich heranlassen, weil sie das Ringen unseres Staates um ein stabiles Finanzsystem permanent verleumdet.

Das Ringen in Europa zur Stabilisierung unseres Finanzsystems wird uns noch längere Zeit begleiten. Aber es ist gut, dass gerungen wird und Europas Staaten diesen Weg gemeinsam gehen. Deshalb verdienen diese Anstrengungen unsere Zustimmung. Es ist auch richtig, diese Vorgänge jenseits der EU-Gesetzgebung und unter Verzicht auf eine maßgebliche Mitwirkung der EU-Kommission ablaufen zu lassen. Angesichts des nach wie vor vorhandenen Demokratiedefizits in der EU sollte sich jede Regierung ihren Bürgern stellen und nicht auf EU-Gesetze verweisen, die man nun einmal so hinnehmen müsse. Nur wenn dieser Prozess innerstaatlicher Legitimation abläuft, bildet sich ein Nährboden für eine Fortsetzung des europäischen Einigungsprozesses.

Angesichts dieser großen Aufgabe bedarf es auf der Ebene der EU-Gesetzgebung einer Atempause. Regulatorisches Klein-Klein in einer verquasten Sprache, das alle nur beschäftigt und enorme Kosten verursacht, muss der Vergangenheit angehören. Die in diesem Buch kritisierten Reformvorschläge der EU-Kommission für die Gebiete der Insidergeschäfte und der Marktmanipulation bilden ein mahnendes Beispiel. Soweit sich die EU-Kommission mit solchen Vorhaben einer sich verzettelnden Regulierung durchsetzen kann, hat Europa aus den Krisen nichts gelernt und wird wieder den Weg nehmen, der die EU in eine große Krise geführt hat.

Ein Kernproblem wurde bei alldem ohnehin noch nicht in Angriff genommen. Selbst wenn die Rettung des Euro gelingen sollte, bleibt ein Grundproblem der gemeinsamen Währung. Volkswirtschaftlich schwächeren Eurostaaten ist es nicht möglich, über eine Abwertung der eigenen Währung „zu atmen" und Konkurrenzfähigkeit herzustellen. Angesichts dessen ist es fraglich, ob der Euro in seiner heutigen Form Bestand haben wird. Auch das darf aber kein Grund sein, ihn jetzt unkontrolliert fallen zu lassen, weil dann unser Bankensystem gefährdet wäre. Sehr bedenklich ist jedoch, dass die EU-Kommission diese Schlüsselfrage nicht thematisiert. Als vermeintliche „Hüterin der Verträge“ ist sie dazu aufgerufen.

An den Finanzmärkten kann die Krise dazu führen, dass viele Marktteilnehmer ihre Vergangenheit kritisch reflektieren und davon etwas abstreifen, sich häuten. Einiges wird sich auch nicht ändern, denn das Geschäft der Banken wird weiterhin darin bestehen, Geld möglichst billig einzusammeln, um es anderweitig zu investieren oder als Kredit zu vergeben, um daraus einen Gewinn zu ziehen. Das allein erscheint manchen schon als verdächtig, man kann das Banken aber schwerlich vorwerfen, denn genau das ist ihre volkswirtschaftliche Aufgabe.

Wichtig ist aber auch, dass immer mehr Protagonisten der Finanzmärkte Vertrauen nicht mehr nur als eine aus den Lehrbüchern der Volkswirtschaft zu entnehmende und gleichsam abstrakte Voraussetzung für funktionierende Finanzmärkte verstehen, die mit einem selbst nichts zu tun hat. Diesbezüglich gibt es Grund zur Hoffnung. Immer mehr Akteure an den Finanzmärkten begreifen Vertrauen als wirklichen Wert und insbesondere als Voraussetzung für das eigene Geschäft.

Die Zeiten, in denen der vertrauende Kunde mitunter einer Mahlzeit glich, die man sich einzuverleiben gedachte, sind vorbei. Nur zu oft diente die Komplexität von Finanzprodukten zumindest auch dazu, dem Kunden etwas zu verkaufen, das er nicht verstanden hatte. Umso größer ist dann die Enttäuschung des vertrauenden Kunden. Die Banken spüren das selbst. Zwar kann man auch an der Flucht in das Gold, den Schweizer Franken oder deutsche Bundesanleihen noch etwas verdienen, aber die damit einsetzende Bunkermentalität der Kunden hemmt das Geschäft. Diese Bunkermentalität von Anlegern ist nichts anderes als die Kehrseite enttäuschten Vertrauens und der Versuch, die Sehnsucht nach Orientierung und Sicherheit zu stillen.

Vertrauen kann jedoch nicht nur enttäuscht oder zerstört werden. Man kann es auch zurückgewinnen und damit Misstrauen überwinden. Ein darauf zielender Wettbewerb birgt enorme Chancen. Man sollte ihn zulassen, ohne allerdings die Regulierung nach strikten Grundsätzen auf die lange Bank zu schieben, denn die Finanzmärkte sind vergesslich.

Am Ende dieses Buches sei noch ein Hinweis erlaubt, der als bloße These formuliert werden soll, weil die Beweisführung zu sehr in das juristische Detail führen würde: Wir haben unter Federführung der EU eine Amerikanisierung des Bank- und Kapitalmarktrechts durchlaufen. Das war in einigen Bereichen sinnvoll, in weiten Teilen aber auch nicht.

Ein eigenständiges Denken kam in den EU-Gesetzen viel zu selten zum Ausdruck. Die Idee der internationalen Rechtsangleichung wurde seitens der EU zu devot und unreflektiert umgesetzt.

Die Ankündigung der EZB, gegebenenfalls die Staatsanleihen kriselnder EU-Mitgliedstaaten zu kaufen, setzt diese Entwicklung fort und erweitert sie auf die Notenbankpolitik, denn die amerikanische Notenbank bedient sich dieses Mittels seit geraumer Zeit. Ob das für die Vereinigten Staaten ein guter Weg sein wird, ist indes nicht erwiesen. Auch wenn es dort funktionieren sollte, muss das für die EU noch lange nicht gelten. Dieses „letzte Mittel" ist vielmehr langfristig riskant, da hinter der EZB die Mitgliedstaaten der EU stehen, in denen immer stärkerer Widerstand aufkeimen könnte.

Für den Fall, dass das durch die Anleihekäufe erzeugte Vertrauen schwindet und sich dieser Weg international als falsch herausstellen sollte, bekommen zwar auch die Vereinigten Staaten Probleme, sind jedoch sehr viel eher in der Lage, entschlossen zu handeln, um die Staatsschulden als Ursache des Problems anzugehen. Allein die Möglichkeiten einer einheitlichen Mehrwertsteuer, die es bislang in den Vereinigten Staaten so nicht gibt, zeigen das deutlich. In schweren Krisen haben sich die US-Bundesstaaten immer noch zusammengerauft.

Die Ausgangsposition der EU ist eine andere. Das zeigt sich schon daran, dass EU-Mitgliedstaaten wie Dänemark und Schweden überhaupt nicht am Euro teilnehmen, was auch für Großbritannien gilt, das sich zudem seit jeher zurückhaltend zeigt, wenn es um die „Kosten der EU" geht. Der Weg eines „Augen zu und durch" ist gewagt, weil sich die EZB mit umfangreichen Käufen von Staatsanleihen eines Mittels des Nationalstaats bedienen würde. Das ist die EU aber nicht und gerade deshalb könnte dieser Weg in der fragilen EU einen weiteren Erosionsprozess auslösen, der dann dazu führt, dass die EU ihre politische Handlungsfähigkeit verliert.

Dazu muss es indes nicht kommen, wenn die EU die Kernprobleme angeht. Eines dieser Probleme, nämlich die Insolvenzgefahr von Banken, scheint im Jahr 2012 wieder abzuklingen. Wenn sich dieser Trend verfestigt, ist das ein großer Erfolg.

Daneben muss es gelingen, Haushalte zu konsolidieren und die Wettbewerbsfähigkeit schwacher Mitgliedstaaten zu fördern. Gelingt das nicht, müssen diese Volkswirtschaften dauerhaft alimentiert werden oder über ihre Währung atmen können, aber das ist dann die Abwertung, die das Währungssystem bisher nicht vorsieht. Deshalb wäre es klug, für den Notfall an einem Konzept zur Wiedereinführung eines überarbeiteten und modernen Europäischen Währungssystems (EWS) zu arbeiten, das Abwertungsmöglichkeiten vorsehen und im Namen auch durchaus das Wort „Euro" tragen könnte. Es könnte sogar gelingen, Staaten wie Dänemark, Großbritannien oder Schweden, die nicht am Euro teilnehmen, für ein solches Modell zu gewinnen.

Es ist nur zu befürchten, dass sich die EU-Politik mit Alternativen zum „Vorwärts immer, rückwärts nimmer" in Gestalt eines Notfallplans nicht beschäftigen möchte, sondern immer neue und zu detaillierte EU-Vorschriften in die Welt setzen wird, die das Ziel einer möglichst weit gehenden Angleichung des Rechts verfolgen.

Diese Normenflut wird den schwachen Mitgliedstaaten der EU keineswegs helfen, sondern sie eher überfordern. Europa muss endlich weg von sprachlich und gedanklich schiefen, ermüdenden und endlos langen Gesetzen, die auch noch ständig wieder geändert werden. Auch neue EU-Aufsichtsbehörden, die übrigens von den schwachen Mitgliedstaaten mitfinanziert werden müssen, werden zur Lösung der Probleme wenig beitragen, sondern zu zähen Abstimmungsprozessen mit den Behörden der Mitgliedstaaten führen.

Die trostlose Bilanz des europäisierten Bank- und Kapitalmarktrechts, das über Jahrzehnte mit EU-Vorschriften überzogen und zu einer permanenten Baustelle wurde, bildet ein mahnendes Beispiel für das, was den europäischen Einigungsprozess gefährdet.

Verzeichnis der angegebenen Quellen

Ausschuss für Währung und Wirtschaft, Bericht über die Rolle und die Methoden von Rating-Agenturen (2003/2081(INI)), 28.01.2004, A5-0040/2004, abrufbar im Internet: <http://www.europarl.europa.eu/sides/getDoc.do?pubRef=-//EP//NONSGML+REPORT+A5-2004-0040+0+DOC+PDF+V0//DE> (Stand: 17.09.2012)

BAWe, Jahresbericht 2000, abrufbar im Internet: <http://www.bafin.de/SharedDocs/Downloads/DE/Jahresbericht/dl_jb_2000_bawe.pdf?__blob=publicationFile&v=8> oder menügeführt über <http://www.bafin.de/> → Daten & Dokumente → Jahresberichte → Jahresbericht des BAWe 2000 (Stand: 17.09.2012)

dass., Jahresbericht 1999, abrufbar im Internet: <http://www.bafin.de/SharedDocs/Downloads/DE/Jahresbericht/dl_jb_1999_bawe.pdf;jsessionid=B95CF96431D26A991FA3D05D69C01892.1_cid298?__blob=publicationFile&v=7> oder menügeführt über <http://www.bafin.de/> → Daten & Dokumente → Jahresberichte → Jahresbericht des BAWe 1999 (Stand: 17.09.2012)

Casdorff, Stephan-Andreas/Haselberger, Stephan, Pöbel-Affäre belastet Kanzleramtschef Pofalla, „Ich kann Deine Fresse nicht mehr sehen“, Beitrag auf www.tagesspiegel.de vom 01.10.2010, abrufbar im Internet: <http://www.tagesspiegel.de/politik/ich-kann-deine-fresse-nicht-mehr-sehen-poebel-affaere-belastet-kanzleramtschef-pofalla-/4679554.html> (Stand: 17.09.2012)

Daum, Renate, Phantompartnern in Asien auf der Spur, in: Schröder, Christian/Sethe, Rolf (Hrsg.), Kapitalmarktrecht und Pressefreiheit, Rechtliche Risiken des investigativen Journalismus und der Berichterstattung über börsennotierte Unternehmen, Baden-Baden 2011, S. 9 ff.

Deutscher Sparkassen- und Giroverband, Wettbewerbs-Vorwürfe der privaten Banken sind nicht haltbar, Beitrag auf www.handelsblatt.de vom 27.07.2000, abrufbar im Internet: <http://www.handelsblatt.com/archiv/dsgv-wettbewerbs-vorwuerfe-der-privaten-banken-sind-nicht-haltbar/1995612.html> (Stand: 17.09.2012)

Edinger, Alesandra: Ackermann: Staatsanleihen sind nicht mehr risikofrei, Beitrag auf www.dowjones.de vom 14.11.2011, abrufbar im Internet: <http://www.dowjones.de/site/2011/11/ackermann-staatsanleihen-sind-nicht-mehr-risikofrei.html> (Stand: 17.09.2012)

EU-Kommission, Vorschlag für Verordnung des Europäischen Parlaments und des Rates über Insider-Geschäfte und Marktmanipulation (Marktmissbrauch), {SEK(2011) 1217}, {SEK(2011) 1218}, Vorschlag vom 20.10.2011 – KOM (2011), 651 endgültig, abrufbar im Internet: <http://eur-lex.europa eu/LexUriServ/LexUriServ.do?uri=COM:2011:0651:FIN:DE:PDF > (Stand: 17.09.2012) *dies.*, Vorschlag für Richtlinie des Europäischen Parlaments und des Rates über strafrechtliche Sanktionen für Insider-Geschäfte und Marktmanipulation, {SEK(2011) 1217}, {SEK(2011) 1218},Vorschlag vom 20.10.2011 – KOM (2011), 654 endgültig, abrufbar im Internet: <http://eur-lex.europa.eu/LexUriServ/LexUriServ.do?uri=COM:2011:0654:FIN:DE:PDF> (Stand: 17.09.2012)

dies., Mitteilung der Kommission an das Europäische Parlament, den Rat, den Europäischen Wirtschafts- und Sozialausschuss und den Ausschuss der Regionen – Schutz der finanziellen Interessen der Europäischen Union durch strafrechtliche Vorschriften und verwaltungsrechtliche Untersuchungen Gesamtkonzept zum Schutz von Steuergeldern, {SEK(2011) 621 endgültig}, Mitteilung vom 26.05.2011 – KOM(2011) 293 endgültig, abrufbar im Internet: <http://ec.europa.eu/commission_2010-2014/reding/pdf/news/sec2011621f_de.pdf> (Stand: 17.09.2012)

dies., Bericht zu den Statistiken Griechenlands über das öffentliche Defizit und den öffentlichen Schuldenstand, Bericht vom 08.01.2010 – KOM (2010) 1 endgültig, abrufbar im Internet: <http://epp.eurostat.ec.europa.eu/cache/ITY_PUBLIC/COM_2010_REPORT_GREEK/DE/COM_2010_REPORT_GREEK-DE.PDF> (Stand: 17.09.2012)

dies., Mitteilung der Kommission an das Europäische Parlament, den Rat, den Europäischen Wirtschafts- und Sozialausschuss, den Ausschuß der Regionen und die Europäische Zentralbank – WWU@10: Zehn Jahre Wirtschafts- und Währungsunion – Errungenschaften und Herausforderungen, {SEK(2008) 553}, Mitteilung vom 07.05.2008 – KOM/2008/0238, abrufbar im Internet: <http://eur-lex.europa.eu/LexUriServ/LexUriServ.do?uri=COM:2008:0238:FIN:DE:PDF> (Stand: 17.09.2012)

dies., Kommission empfiehlt Einstellung des Defizitverfahrens gegen Deutschland, Griechenland und Malta, Pressemitteilung vom 16.05.2007 – IP/07/672, abrufbar im Internet: <http://europa.eu/rapid/pressReleasesAction.do?reference=IP/07/672&format=PDF&aged=1&language=DE&guiLanguage=en> (Stand: 17.09.2012)

dies., Mitteilung der Kommission über Rating-Agenturen, Mitteilung vom 23.05.2005 – 2005/11990, abrufbar im Internet: <http://ec.europa.eu/internal_market/securities/docs/agencies/communication_de.pdf> (Stand: 17.09.2012)

dies., Mitteilung der Kommission an das Europäische Parlament und den Rat – „Bericht über die Frage der Rechenschaftspflicht im Zusammenhang mit der Korrektur griechischen Haushaltsdaten“ , {SEK(2004) 1539}, Mitteilung vom 01.12.2004 – KOM(2004) 784 endgültig, abrufbar im Internet: <http://eur-lex.europa.eu/LexUriServ/LexUriServ.do?uri=COM:2004:0784:FIN:DE:PDF> (Stand: 17.09.2012)

dies., Deutschland will Vereinbarung mit der Kommission über staatliche Garantien für Landesbanken und Sparkassen umsetzen, Pressemitteilung vom 28.02.2002 – IP/02/343, abrufbar im Internet: <http://europa.eu/rapid/pressReleasesAction.do?reference=IP/02/343&format=PDF&aged=1&language=DE&guiLanguage=en> (Stand: 17.09.2012)

EU-Parlament, 10 Jahre Euro: Krise beweist Reife und Wert des Geburtstagskindes, Pressemitteilung des EU-Parlaments vom 14. 01.2009, abrufbar im Internet: <http://www.europarl.europa.eu/sides/getDoc.do?pubRef=-//EP//TEXT+IM-PRESS+20090108STO45600+0+DOC+XML+V0//DE> (Stand: 17.09.2012)

FAZ vom 31.10.2006, 25, abrufbar im Internet: <http://www.faz.net/aktuell/wirtschaft/konjunktur/statistik-immer-aerger-mit-griechenland-1383040.html> (Stand: 17.09.2012)

Frankenberger, Klaus-Dieter/Gutschker, Thomas, im Gespräch: Kommissionspräsident Barroso, „Ich will keinen Superstaat Europa", Frankfurter Allgemeine Sonntagszeitung vom 16.09.2012, abrufbar im Internet: <http://www.faz.net/aktuell/politik/europaeische-union/im-gespraech-kommissionspraesident-barroso-ich-will-keinen-superstaat-europa-11891523.html> (Stand: 21.09.2012)

Gammelin, Cerstin/Winter, Martin, Neelie Kroes im Gespräch, „Das deutsche Bankensystem ist überholt", Beitrag auf www.sueddeutsche.de vom 03.06.2009, abrufbar im Internet: <http://www.sueddeutsche.de/geld/neelie-kroes-im-gespraech-das-deutsche-bankensystem-ist-ueberholt-1.449090> (Stand: 17.09.2012)

Gesellensetter, Catrin/Siemens, Ansgar, „Banken stehen Schlange am Abgrund", Beitrag auf www.focus.de vom 29.09.2008, abrufbar im Internet: <http://www.focus.de/finanzen/boerse/finanzkrise/finanzkrise-banken-stehen-schlange-am-abgrund_aid_336874.html> (Stand: 17.09.2012)

Herdegen, Matthias, Europarecht, 14. Auflage, München 2012

Hesse, Martin/Pauly, Christoph/Schulz, Thomas/Seith, Anne, USA against Deutsche Bank, Der Spiegel 5/2012, 60, zusätzlich abrufbar im Internet: <http://www.spiegel.de/spiegel/print/d-83774701.html> (Stand: 17.09.2012)

Kasiske, Peter, Aufarbeitung der Finanzkrise durch das Strafrecht? Zur Untreuestrafbarkeit durch Portfolioinvestments in Collateralized Debt Obligations via Zweckgesellschaften, in: Schünemann, Bernd (Hrsg), Die sogenannte Finanzkrise – Systemversagen oder global organisierte Kriminalität?, Berlin 2010, 13

König, Michael, Ruderboot neben Supertanker, Großbritannien blockiert neue EU-Verträge, Beitrag auf www.sueddeutsche.de vom 09.12.2011, abrufbar im Internet: <http://www.sueddeutsche.de/politik/grossbritannien-blockiert-neue

-eu-vertraege-bulldogge-cameron-beisst-die-briten-in-die-isolation-1.1230670> (Stand: 17.09.2012)

Müller, Armin, Staatsanleihen: Erlaubter Schwindel, Beitrag auf www. handelszeitung.ch vom 21.11.2011, abrufbar im Internet: <http://www. handelszeitung.ch/invest/staatsanleihen-erlaubter-schwindel> (Stand: 17.09.2012)

Palan, Dietmar, „Wir haben uns verschätzt", Interview mit Brian Clarkson, President und COO von Moody's Investors Service, manager magazin 3/2008, 52, abrufbar im Internet: <http://www.manager-magazin.de/magazin/artikel/ 0,2828,537035,00.html> oder menügeführt über <http://www. manager-magazin.de/> → Archiv → Suche „Moody's verschätzt" (Stand: 17.09.2012)

Pitzke, Marc, Wie der fabelhafte Fab die Wallstreet narrte, Klage gegen Goldman Sachs, Beitrag auf www.spiegel.de, abrufbar im Internet: <http://www.spiegel. de/wirtschaft/unternehmen/klage-gegen-goldman-sachs-wie-der-fabelhafte -fab-die-wall-street-narrte-a-689527.html> (Stand: 17.09.2012)

Pylas, Pan, Neuer Schlag für Griechenland, Beitrag auf www.Tagesanzeiger.ch vom 09.04.2010, abrufbar im Internet: <http://www.tagesanzeiger.ch/news/ standard/Neuer-Schlag-fuer-Griechenland/story/12062970> (Stand: 17.09.2012).

Rahmann, Tim, Herabstufung mit fatalen Folgen, Beitrag auf www.wiwo.de vom 06.08.2011, abrufbar im Internet: <http://www.wiwo.de/politik/ausland/ usa-herabstufung-mit-fatalen-folgen/5155918.html> (Stand: 17.09.2012)

Rheker, Dirk, Die Klingelpost, Hausbesitzer finden neue Wege, sich ihrer Schulden zu entledigen, Die Weltwoche 39/2008, abrufbar im Internet: <http://www. weltwoche.ch/ausgaben/2008-39/artikel-2008-39-die-klingelpost.html> oder menügeführt über <http://www.weltwoche.ch/> → Seitensuche „Klingelpost" (Stand: 17.09.2012)

Ricken, Stephan, Verbriefung von Krediten und Forderungen in Deutschland, Düsseldorf 2008, zusätzlich abrufbar im Internet: <http://www.boeckler.de/pdf/ mbf_finanzinvestoren_ricken_verbriefung.pdf> (Stand: 17.09.2012)

Sachverständigenrat zur Begutachtung der gesamtwirtschaftlichen Lage, Jahresgutachten 2008/09, BT-Drucks. 16/10985, 120

Sanio, Jochen, Die Fortentwicklung der Bankenaufsicht, Rede am 28.05.2009 von Jochen Sanio, Präsident der BaFin, auf der Fachtagung Corporate Governance bei Banken, KPMG Audit Committee Institute, Frankfurt am Main, abrufbar unter: <http://www.bafin.de/SharedDocs/Reden/DE/re_090528_corporate_gov. html> oder menügeführt über <http://www.bafin.de/> → Daten & Dokumente → Reden (Stand: 17.09.2012)

Scheerer, EU-Kommission droht Sparkassen, Kroes prüft Wettbewerb deutscher Banken, Beitrag auf www.handelsblatt.com vom 30.01.2007, abrufbar im Internet: <http://www.handelsblatt.com/politik/international/kroes-prueft-wettbewerb-deutscher-banken-eu-kommission-droht-sparkassen/2762772.html> (Stand: 17.09.2012)

Schimansky, Herbert/Bunte, Hermann-Josef/Lwowski, Hans-Jürgen, Bankrechts-Handbuch, Band II, 4. Auflage, München 2011

Schröder, Christian, Handbuch Kapitalmarktstrafrecht, 2. Auflage, Köln 2010

ders., Die Komplexität synthetischer Finanzprodukte als Ursache für Vertrauensverluste und kriminogenes Verhalten am Kapitalmarkt, ZBB 2010, 280

ders., Die Komplexität internationaler Finanzmärkte – Einfallstor für Kriminalität, Kriminalistik 2009, 12

Schünemann, Bernd, Die sogenannte Finanzkrise, in: Schünemann, Bernd (Hrsg.), Die sogenannte Finanzkrise – Systemversagen oder global organisierte Kriminalität?, Berlin 2010, 71

Sievers, Markus, „Der Euro ist gescheitert", Interview mit Niall Ferguson, Beitrag auf www.fr-online.de vom 31.10.2011, abrufbar im Internet: <http //www.fr-online.de/schuldenkrise/wirtschaftshistoriker-niall-ferguson--der-euro-ist-gescheitert-,1471908,11079778.html> (Stand: 17.09.2012)

Sutherland, Edwin Hardin, White Collar Crime, The Uncut Version, New Haven (Conneticut) u. a. 1983

Wittrock, Philipp, Euro-Retter setzen Papandreou unter Druck, Krisentreffen in Cannes, Beitrag auf www.spiegel.de vom 02.11.2011, abrufbar im Internet: <http://www.spiegel.de/politik/ausland/krisentreffen-in-cannes-euro-retter-setzen-papandreou-unter-druck-a-795413.html> (Stand: 17.09.2012)